눈으로 먹는 절음식

김연식 지음

| 머리말 |

　40여 년 전 해인사 행자 시절, 후원(절간 주방)에서 그릇을 닦으며 빗살무늬 창살 틈으로 대웅전 앞마당에 모인 관광객들을 내다보면서 고향에 두고 온 부모형제들이 생각나 "인생은 나그네길 어디서 왔다가 어디로 가는가"하며 구성진 노래를 불렀던 법철스님은 지금은 어디에 머물고 계실까? 돌이켜보면 참으로 많은 세월이 흘렀다.
　당시에도 나는 특히 음식을 잘 만든다는 소릴 들었다. 내가 후원에 들어가면 공양을 드신 스님들께서 일부러 후원에 들러 맛있게 먹었다고 한마디씩 칭찬의 말씀을 해주시곤 하셨는데 그런 연유로 나의 행자생활은 본의 아니게 길어졌다. 이후 수계를 받고 나서도 별좌(음식 만드는 곳의 책임자), 원주(절의 살림을 총괄하는 직책)의 자리를 넘나들며 절살림을 도맡다시피 하였는데 이때부터 전국 사찰에서 전해져 내려오는 독특한 절음식들을 채록하기 시작하였고, 이미 사라진 음식들은 노스님들의 구전을 통해 듣고 만들어 보면서 그것을 글로 남기는 작업을 병행하였다. 그때까지 절음식에 관해서는 글로 남겨진 것이 거의 없었고, 절에서 세습으로 전해져 왔기 때문에 세상에서 이미 사라져버린 것들도 많았다.
　한 예로 통도사의 세편은 너무 찰지고 투명해서 마치 유리와 같았다고 하는데 그 만드는 방법이 전해지지 않아 지금은 전설의 떡으로 남아 있을 뿐이다. 그런가 하면 범어사의 흰죽은 임진왜란 때부터 지금까지 그대로 전해져 내려 온다. 난리가 나서 스님들까지 승병으로 나가 싸우는데 우리가 매시 밥만 먹겠느냐며 아침 한끼 죽을 먹자 하였는데 그때의 전통이 지금까지 전해져 범어사의 아침식사는 항상 흰죽이다.
　이렇게 시대가 변하면서 점차 사라져 가는 순수 절음식에 관한 전통을 잇고자 전국의 사찰음식을 찾아내어 기록하였고, 지금으로부터 40년 전 부산 대각사에서 절음식에 관한 공개강좌를 개최하여 처음으로 절음식 만드는 법을 세상에 알렸다. 뒤이어 부산일보를 통해 절음식에 관한 연재를 시작하였는데, 이 또한 지면을 통해 사찰음식이 우리 나라에 처음으로 소개된 것이었다.

그 동안에 사찰음식은 우리 나라 외식문화에서 새로운 분야로 확고한 자리를 굳히면서 한국인이나 외국인을 불문하고 많은 사람들의 사랑을 받게 되었다. 최근 5~6년 사이에는 이러한 세간의 관심을 반영하듯 사찰음식을 연구하는 몇몇 후배 스님들도 나타나 사뭇 고무적이다. 하지만 다른 한 편으로는 내가 처음으로 사찰음식을 연구하고 보급했을 때 승려답지 못하다는 곱지 않은 시선을 받았던 30여 년 전의 그 시절이 떠올라 회한에 잠기기도 한다.

이 글은 지금까지 약 35년 동안 내가 전국의 사찰을 돌면서 채록하고 노스님들의 구전을 기록하여 재현한 여러 가지 사찰음식을 소개하면서 사찰 주변의 풍광과 먹거리를 함께 음미해 보자는 의도로 쓴 것이다.

사찰음식이 더 이상 스님들만의 신비스러운 음식이 아니라 우리 주변에서 일반 대중이 즐길 수 있는, 몸과 마음의 건강을 지켜주는 중요한 음식문화로 자리매김할 수 있기를 바라면서 다른 한 편으로 막막한 가슴을 뚫어주는 한 줄기 시원한 산바람처럼 그렇게 오랫동안 모두에게 기억되기를 기대해 본다.

2002년 2월
인사동 산촌에서 저자

| 추천사 |

수덕사 주지 법 장 스님

　요즘 건강에 대한 관심이 지대해지고 채식을 즐기는 사람이 늘어나면서 깊은 산사(山寺)에서나 맛볼 수 있었던 사찰음식이 사회적으로 관심을 끌고 있다.
　사찰음식은 식물성 재료만으로 요리해 지나친 육식과 인스턴트 식품으로 성인병이나 비만에 시달리는 현대인에겐 건강식으로 꼽히는 것이 최근 사찰음식이 주목을 끌고 있는 이유가 아닐까 생각한다. 간혹 고기를 사용하지 않아 영양소의 불균형을 초래할 것이라고 우려하는 사람들도 있지만 사찰음식은 부족하기 쉬운 영양소는 산과 밭의 고기로 일컬어지는 버섯과 콩에서 얻고 있으니 그런 우려(?)는 잠시 접어도 좋을 것이다.　사찰음식은 삼국시대 때 불교가 우리 나라에 전래된 이래 천여 년 동안 명맥을 이어오다가 최근 들어 건강음식으로까지 각광을 받고 있다. 그리고 어느덧 산사의 수행자들이 수행을 위한 방편으로 먹었던 음식들이 이젠 도심의 사찰음식점에서 일반 대중의 입맛을 돋우며 또한 가정의 식탁에까지 오르게 되었다. 그렇게 되기까지에는 점차 점차 사라져 가는 우리의 전통사찰음식을 연구한 김연식 거사의 열과 성을 기울인 30여 년 동안의 노력이 오롯이 뒷받침되었던 것이다.
　지금은 사찰음식점도 여러 곳에 생겨났고, 사찰음식을 다룬 요리서적도 많이 나왔지만, 우리 땅에 산사에서만 구전되어 내려온 사찰음식을 체계적으로 기록하고 연구하여 일반 대중에게 처음 소개한 김연식 거사는 황무지를 개간한 선구자의 아픔을 수없이 겪었을 줄로 안다. 새삼 그의 노력과 한길을 걸어온 우직함에 감동을 느낀다. 사찰음식은 우리 몸을 지탱하게 해주는 영양소를 제공하는 음식으로 뿐만 아니라 마음까지 맑고 깨끗하게 해 주는 음식이다. 또한 세계에서 음식쓰레기를 가장 많이 배출한다는 우리 나라 사람들이 환경보호를 위해서라도 산사의 정갈한 음식 문화를 배우고 익혀서 자신의 건강은 물론 후손들의 건강을 위해 깨끗한 환경까지 보전할 수 있도록 해야 할 것이다. 이 책을 통해 수많은 사람들이 산사의 솔향과 함께 고소한 참기름, 들기름 냄새를 맡으며 아울러 부처님 말씀의 향기까지 느끼길 바란다.

| 추천사 |

단국대학교예술대학 교수 이 영 수
(단국대학교 예술대학장, 산업디자인대학원장 역임)

음식을 통해 맺은 저자와 나의 인연이 어느덧 20년의 세월을 헤아린다.

돌이켜보면 음식으로 인해 참으로 많은 즐거움과 추억을 간직할 수 있었던 세월이었다.

오늘날 우리가 복잡하고 빠른 정보화시대를 살고 있지만 그 옛날 조상들로부터 전해져 내려오는 '맛'에 대한 향수는 버릴 수 없을 것이다.

우리 나라에는 수많은 절이 있지만, 절마다 전해지는 음식이 다를 뿐만 아니라 만드는 방법도 서로 다르다고 한다. 예를 들어 팔만대장경으로 유명한 해인사에서는 가야산 정상의 계곡수를 수십킬로에 달하는 나무홈통으로 끌어내려 후원에 폭포수를 만들고 그 물로 음식을 장만한다고 한다.

저자는 이 책을 통해 이렇게 절마다 전해지는 독특한 음식과 그 음식에 얽힌 구구절절한 사연들을 찾아내고 기록하여 직접 눈으로 보듯 생생하게 전달해 준다.

무릇 식(食)이란 생명을 기르는 것인데, 인간의 수명이 과학기술의 발달로 100세를 넘어 천수를 누리는 장수의 시대를 살아가게 될 우리들로서는 건강하게 장수를 누리는 것이 무엇보다 중요한 과제가 되었다. 저자는 이러한 문제에 대한 해답을 절음식을 통해 찾을 수 있을 것이라는 가능성도 보여준다.

나는 그림을 그리는 재료를 구입하기 위해 일본을 가끔 방문하는데 그곳의 서점을 둘러보면서 음식에 관련된 책자만 200여 종이 넘는다는 사실에 놀란 적이 있다.

출판은 그 나라의 문화적 수준을 가늠하는 척도라고 한다. 이러한 관점에서도 이 책이 우리 나라의 음식문화뿐만 아니라 전체적인 문화수준을 한층 더 높이는데 일조할 것이라 믿어 의심치 않는다.

다시 한번 우리 절음식의 전통을 지키고 후세에 전하기 위해 애쓰는 저자의 노고에 감사를 전하며 삼가 추천의 글을 드리는 바이다.

| 추천사 |

곡천건강장수연구소 소장 농학박사 유 태 종

　우리 나라의 평균 수명도 많이 늘어났으나 아직도 만족할 처지는 못 된다. 인간의 한계 수명이 120세라고 하므로 아직도 여명은 많이 남아있는 셈이다. 상당히 장수하는 나라가 되긴 했지만 열 사람이 모이면 몇 사람은 건강을 잃고 병을 앓고 있는 것이 우리의 현실이다.
　의학의 시조 히포크라테스는 환자 치료의 근본이 식이요법에 있다고 하여 약으로 치료하는 방법을 되도록 피했다고 한다. 음식물과 질병과의 관계를 중요시했는데 음식으로 고치지 못하는 병은 약으로도 고치지 못한다고 할 만큼 먹는 음식의 중요성을 강조했던 것이다.
　이 진리는 히포크라테스 이후 현재에 이르기까지 하나도 변한 것이 없다. 건강은 올바른 식생활에서 비롯되는 것이므로 음식에 대한 정확한 정보와 이해가 필요한 것이다.
　자연식에 어긋나는 식생활을 하는 현대인들은 이전에 없던 희귀한 질병에 많이 시달리게 되어 이른바 성인병이 증가 추세에 있는 것이 사실이다. 성인병은 생활 습관의 잘못에서 비롯된다는 것이 밝혀지면서 지금은 '생활습관병'이라고 부르고 있다. 자연의 섭리에 어긋나는 식생활이 계속된다면 생활습관병은 늘어나게 마련이다.
　사찰음식은 자연식의 가장 대표적인 것으로 볼 수 있다. 사찰음식은 대승불교를 믿는 곳에서만 발달이 되었다. 소승불교에서는 음식을 탁발하므로 절에서 음식을 만들지 않기 때문이다. 우리 나라에 불교가 전래된 지 1,600년이 지났으므로 우리 나라 사찰음식의 역사도 그와 같다고 볼 수 있다.

사찰음식의 특징은 재료로 우유를 제외한 동물성 식품을 하나도 쓰지 않는다는 점과 식물성 식품 중 오신채(五辛菜)를 쓰지 않는 것이다. 오신채는 자극성이 있는 것으로 마늘·파·달래·부추와 홍거 다섯 가지를 말하는데 홍거는 중국과 우리 나라에는 없다고 한다. 요즘은 양파를 오신채에 포함시키기도 한다. 오신채를 금하는 이유는 날로 먹으면 성내는 마음을 일으키고, 익혀 먹으면 음심을 일으켜 수행을 방해하기 때문이라고 알려져 왔다.

이러한 특징을 가진 사찰음식은 매우 다양한 식물성 식품을 음식 재료로 이용해 왔고, 콩이나 콩제품을 많이 활용해서 부족되기 쉬운 단백질을 효과적으로 섭취하는 슬기도 낳았다. 또 튀김이나 전 등으로 기름을 잘 이용하여 필요한 열량 공급을 합리적으로 해왔고, 김 부각이나 풋고추 부각·다시마 튀각·들깨송이 부각·가죽나물 부각 등과 각종 장아찌를 상비해서 저장식품을 개발해 오기도 하였다.

이렇게 사찰음식은 음식 자체에도 특색이 있지만 식사법에도 특별한 점이 있었다. 사찰에서는 많은 스님들이 모여서 살기 때문에 예부터 단체 급식을 해왔다고 볼 수 있다. 그래서 발우공양이라는 식사 형태로 상차리기와 설거지 하는 시간을 절약하고 음식을 남기지 않으며, 남은 음식을 위생적으로 처리하는 특징을 잘 살려왔던 것이다.

이러한 절음식을 오랫동안 연구해 온 김연식 씨는 자타가 공인하는 사찰음식의 대가이다. 그 동안의 풍부한 경험과 답사를 통해 이번에 우리 나라 명찰 고유의 음식을 소개하고 있는데, 이 책은 미각을 더욱 돋워 주는 시각적인 감각을 잘 살린 훌륭한 것으로 이에 자신있게 추천하는 바이다.

| 추천사 |

서강대학교 서울캠퍼스 영문학 과장 안토니 안선재

I am always happy to take foreign writers visiting Korea to share a meal of Buddhist temple food. I can be quite sure that they will enjoy the experience immensely.

Kim Yon-Shik shows them how a delicate dressing on a variety of very simple plants yields food that is entirely natural yet a gastronomic delight. I am especially fond of the way he prepares tofu, and his bean paste soup is superb. It is quite amazing. Visually, the table is magnificent. Gastronomically, the experience is sublime. And given the freshness of all the ingredients, I am sure that such food is wonderfully good for us, in body and in spirit.

Brother An Sonjae

Chairman of the English Department, Sogang University, Seoul

저는 항상 한국을 방문하는 외국 작가들에게 사찰음식 대접하는 것을 즐기고 있으며, 그들이 대단히 멋진 경험을 하게 될 것이라는 것을 확신하고 있습니다.

김연식 씨는 여러 종류의 단순한 식물에 곁들인 세심한 양념들이 완전히 자연적이지만 미식적으로 놀라운 요리를 어떻게 만들 수 있는가를 보여주었는데, 이것은 진정 놀라운 일입니다. 시각적으로 식탁의 요리 배치는 대규모이면서도 먹음직스럽게 보입니다. 그리고 차려진 음식의 재료는 매우 신선하며, 이러한 음식들은 육체적으로나 정신적으로 우리들에게 또한 이로울 것이라는 것을 저는 확신합니다.

| 추천사 |

영국문화원장 마크 봄필드

One of my great discoveries since arriving in Korea has been Buddhist temple food. This food provides a superb antidote to the modern fast food culture and I well understand why it is becoming increasingly popular. The food is natural and vegetarian and its preparation environmentally friendly. While Buddhist temple food may be healthy and spiritually satisfying - for me the most important thing about it is its wonderful taste! Dishes have distinct and complex flavours and textures as well as unique aromas. I was keen to know how to prepare this food for myself and I welcome the publication of this book.

I hope, like me, you take this opportunity to prepare these wonderful dishes - and to enjoy the results!

Brother

저의 한국 방문 중 가장 큰 발견 중의 하나는 바로 사찰음식이었습니다. 사찰음식은 현재의 패스트푸드 음식문화의 중요한 대안을 제공하고 있으며, 또한 빠르게 대중화 되고 있는 이유를 저는 잘 이해하고 있습니다. 이 음식은 자연적이고 채식이며, 만드는 단계도 자연 친화적입니다. 또한 저에게 사찰음식은 육체적으로, 정신적으로 만족 시키지만 가장 중요한 것은 바로 환상적인 맛이라고 할 수 있습니다. 음식은 특이한 향기뿐 아니라, 독특하고 복잡한 맛과 씹는 맛을 함께 가지고 있습니다.

저는 이러한 사찰음식에 대해서 스스로를 위해 만드는 방법을 알았으면 하고 한편으로 매우 열망했기 때문에 이 책의 출간을 매우 환영합니다. 저처럼 여러분들도 이러한 환상적인 음식을 만들고 또한 그것들을 즐길 수 있는 기회를 갖기를 희망합니다.

| 차 례 |

머리말

추천사
    법장스님 / 이영수 / 유태종 / 안토니 안선재 / 마크 봄필드

수원 용주사

국화전 • 24
두부소박이 • 26
토란튀김 • 28
들깨국수 • 30
명아주나물 • 32
무릇뿌리조림 • 33
인동초식혜 · 차 · 술 • 34

여주 신륵사

연잎밥 • 56
우엉구이 • 58
돌나물김치 • 60
작약꽃튀김 • 61
국화송편 • 62
소리쟁이무침 • 64
표고버섯 찹쌀전병무침 • 65
엉개겉절이 • 66
장다리겉절이 • 67
호박시루떡 • 68

합천 해인사

가지지짐 • 90
고수무침 • 92
상추불뚝전 • 93
산동백튀각 • 94
한해물김치 • 95
머위탕 • 96
고비회 • 97
느타리버섯튀김 • 98
표고버섯잡채 • 99
표고버섯밥 • 100
주목술 • 101

구례 화엄사

상수리잎 쌈밥 • 130
죽순채볶음 • 132
아카시아꽃 튀김 • 134
두릅전 • 136
취나물쌈밥 • 138
참죽전 • 140
참나물무침 • 141
산수유술 • 142
오미자술 • 143

여수 흥국사

산초잎된장국 • 200
둥글레싹무침 • 202
산초잎장떡 • 204
씀바귀무침 • 206
제고물떡과 팥방망이떡 • 208
진달래전 • 210
우산대나물 • 212
버찌술 • 213
찔레순겉절이 • 214
돌산갓김치 • 216

여수 향일암 (영구암)

톳나물 • 166
미역·김부각 • 168
뜸부기국 • 170
고구마순나물 • 172
춘란숙회 • 174
파래무침 • 176
밀나물숙회 • 178
쇠뜨기숙회 • 180
의아리나물 • 182
탱자술 • 184

해남 대흥사 (대둔사)

더덕장아찌무침 • 236
마구이 • 237
원추리잎나물 • 238
쑥버무리 • 240
쑥부쟁이나물 • 241
도라지생무침 • 242
배추꽃밥 • 243
엉겅퀴국 • 244

일주문을 지나 산문으로 들어서는 용주사 초입의 전경.

수원
용주사

국화전

두부소박이

토란튀김

들깨국수

명아주나물

무릇뿌리조림

인동초식혜·차·술

조금 늑장을 부린 탓에 정오가 지나서야 수원역에 도착하였다. 수원역은 여느 지방 도시가 그러하듯 즐비하게 늘어선 상가들로 분주한 거리를 이루고 있다. 용주사로 가는 버스에 올라 가을 문턱에 들어선 들녘을 바라보았다. 아직 덜 여문 벼포기들 사이로 여름 한 철을 불살라 온 해바라기가 간혹 눈에 띄었고, 가을을 찬미하기 위해 벌써 코스모스가 흔들거렸다.

고갯길을 벗어나자 용주사(龍株寺)가 눈앞에 보였다.

용주사는 경기도 화성시 태안읍 송산리 188번지에 위치하며, 조선 정조 14년 보경 스님이 팔도도화주(八道都化主)가 되어 부화주(副化主) 성월당 철학(城月堂哲學) 스님과 함께 팔도 관민의 시전을 거두어 갈양사 옛터에 지은 사찰이다. 용주사라 이름한 까닭은 용이 여의주를 물고 비상(飛上)하는 꿈을 꾼 데서 나온 것이라 한다.

천보루의 오른쪽에 있는 회랑으로 통하는 문에서 바라본 요사채의 모습. 오색의 단청, 아름다운 추녀의 선,
소박한 자연이 함께 어울려 한폭의 회화를 보는 듯하다.

   사천왕상이 그려진 일주문을 지나니 가족 단위로 무리를 지어 소풍 온 사람들이 많았다. 짙푸른 나무들이 그림자를 만들어 좋은 쉼터가 되어주고 있었다.
   각박한 도시를 벗어나 신록이 우거지고 경내의 풍경 소리가 귓전을 아롱지게 하는 사원에서 즐거운 한때를 즐기고 있었다.

추색(秋色)이 깃든 용주사의 가을을 대변하듯 대웅보전의 양쪽에는 국화가 한창이다.

범종각이 엇비껴 보이는 대웅보전의 처마. 오색의 단청과 용의 형상을 한 섬세한 조각이 함께 어우러져 한국의 미감을 유감없이 발휘하는 부분이다.

효심을 모아 지은 용주사의 창건 비화

나뭇가지 사이로 스며든 빛이 삼문각(三門閣)으로 들어서는 어린이의 해맑은 웃음을 비추고 있었다. 삼문각은 창고와 별당이 동서로 붙어 있다. 조금 걸음을 더하면 천보루(天保樓)가 사각의 장초석(長礎石)을 기반하여 우뚝 서 있다. 이 누각은 법당 안마당으로 들어가는 문루로 좌우의 회랑(廻廊)과 연결되었다.

청록색 방문과 황토빛 기둥, 선명한 원색의 단청을 밑으로 한 현판에는 '홍제루(弘濟樓)'라 쓰여 있다. 천보루의 별칭인 모양이다.

천보루 안쪽 벽에는 건축 자재들이 쌓여 있었고, 안마당에서 목수들이 망치질하는 소리가 경내를 진동시킨다. 새로운 건물을 짓는 모양이었다.

또 한쪽 벽이 성큼 눈에 와 닿는다. 어느 솜씨 좋은 화가가 그렸음직한 뭉게구름을 타고 하늘을 나는 보살님 상이 윗면에 있고, 그 아래로는 부처님의 말씀과 정조 임금의 애틋한 이야기를 담은 〈부모은중경(父母恩重經)〉의 내용이 새겨져 있다. 대웅전 옆의 탑도 이런 이야기를 담고 있다.

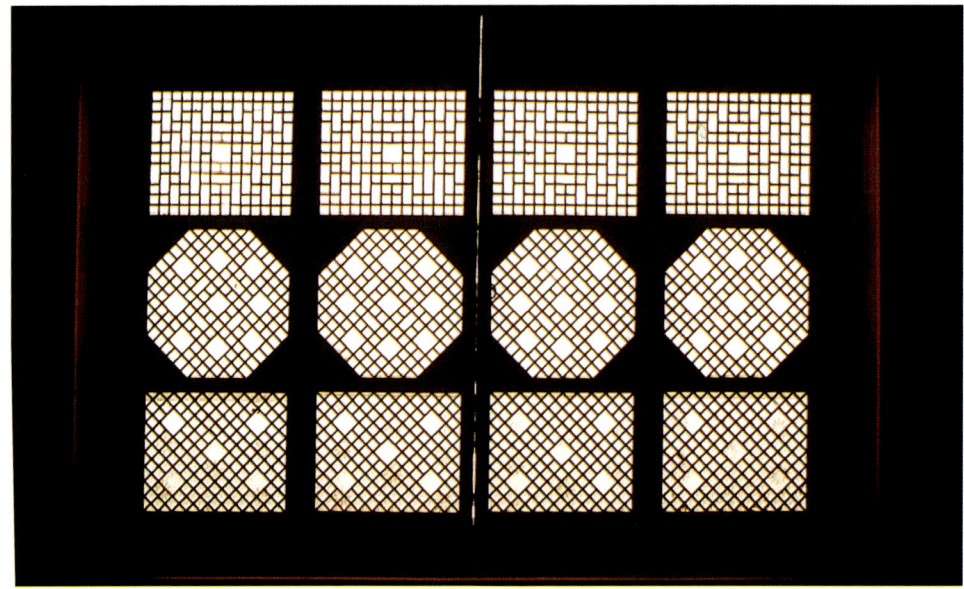

요사채 나유타요에 달린 덧문. 여느 절에서 보기 힘든 창살 무늬가 이곳에서는 다양하게 펼쳐 지는데 이것 역시 한국의 미감을 엿보게 하는 부분이다.

　조선 시대 규장각을 설치하는 등 유학자로서 높은 경지에 이르렀던 정조 임금은 뒤주 속에 갇혀 죽은 아버지, 사도세자를 너무나 그리워한 나머지 마음의 병을 앓았다. 아버지를 죽음의 궁지에 몰아넣은 할아버지 영조 임금에 대한 미움과 돌아가신 아버지에 대한 연민의 정이 가슴속에서 메아리쳐 마음을 가눌 수 없었던 것이다.

　정조 임금은 매우 뛰어난 성리학자였음에도 어릴 적부터 맺혔던 원한의 싹을 그리 쉽사리 잘라내지 못했다. 그러다 보경 스님을 통해 〈부모은중경〉에 대한 이야기를 듣고 크게 탄복했다. '백 세 아버지가 팔십 먹은 자식을 항상 걱정하신다' 는 구절을 듣는 순간 얼기설기 매듭진 마음이 수월하게 풀리며 가슴속을 흥건히 적셨던 것이다.

　느낀 바가 컸던 정조 임금은 보경 스님을 팔도 도화주로 삼아 만백성에게 전생 부모의 은혜를 갚고 현세 부모님께 효도하는 뜻으로 한 푼씩을 시주하게 하여 용주사를 창건케 하였다는 것이다.

요사채 만수리실의 처마에 달린 운판(雲版). 운판은 범종, 법고, 목어와 함께 중생 구제를 위해 치는 사물 중의 하나로 특히 날개 달린 짐승을 위한 것이다.

그리고 〈부모은중경〉을 목판·석판에 새기고, 부모 은혜를 김홍도에게 그리게 하여 동판에 새겨 하사했다고 전한다. 석판에 새겨진 부모님 은혜 열 가지는 다음과 같다.

첫째, 아이를 배에서 지키고 보호해 주신 은혜. 둘째, 해산함에 임하여 고통을 받으신 은혜. 셋째, 자식을 낳고서야 근심을 잊으신 은혜. 넷째, 쓴 건 삼키고 단 것은 뱉아 먹여 준 은혜. 다섯째, 진자리 마른자리 갈아 누이신 은혜. 여섯째, 젖 먹이고 사랑으로 길러 주신 은혜. 일곱째, 목욕·세탁·더러움을 씻어 주신 은혜. 여덟째, 멀리 떠나가면 근심 걱정하신 은혜. 아홉째, 자식을 위해서는 모진 일하신 은혜. 열째, 임종 때도 자식 위해 근심하신 은혜이다.

〈부모은중경〉은 물질적으로는 풍요롭게 대하지만 가난한 가슴으로 부모를 모시는 요즘 사람들에게 일침을 놓고 있는 듯하다.

천보루 앞 낮은 계단을 올라서니 대웅보전(大雄寶殿)이 근엄한 자태로 가난한 가슴을 갖고 있는 나를 내려다 보는 것 같았다.

대웅보전은 조선조 후기에 다포계 양식의 팔작지붕으로 지어진 건물이다. 내부에는 가로 3m, 세로 4m의 후불탱화가 있는데 견본 진채로서 중앙에 석가모니불과 좌우보처로 문수·보현보살이 있고, 주위에는 십대제자 및 보살들과 사천왕이 있다.

제작 연대는 알 수 없으나 용주사 창건 당시의 작품으로 생각되며 화법이 정교하여 단원 김홍도의 작으로 추측된다. 또한 창건 당시 채제공이 정조 임금의 명을 받들어 쓴 상량문도 지방 유형문화재로 지정되어 보존하고 있는데 길이가 약 15m의 금색공단에 묵서(墨書)되어 있다.

2백여 년의 세월 거스르며 정조의 마음 전하는 대웅전 앞 회양목

대웅전 바로 앞에는 역시 정조 임금과 관련 있는 이야기를 담은 회양목이 소담스레 자라고 있었다. 이 나무는 정조가 용주사를 창건하고 명복을 빌기 위한 정성으로 심은 것이라 전한다. 대웅전 앞에서 근 2백여 년이라는 세월을 살아온 것이다.

대웅전 우측에는 법고각(法鼓閣)이 굳게 자물쇠에 채워진 채 있었다. 다른 건물들은 대체로 색을 덧칠해 윤기를 내고 있었는데 유독 법고각만이 빗물에 씻기운 자국을 그대로 두고 있었다. 중생들의 마음을 열어주는 북소리는 세 평 남짓한 땅을 차지하고 허름한 건물 속에 잠들어 있는 것이다.

누군들 그 소리를 그리워할까. 깨달음의 세계를 위해 정진하는 승려들의 쿵쿵 울려주던 심장 박동이 사라졌다한들 누가 안타까워할까.

국악인들의 규격화되고 영혼 없는 상품에 만족해 할 뿐이다. 아득히 들려오는 새들의 지저귐이 산사의 허름한 법고각에 와 맴돌고 있었다.

넓게 깔린 푸른 잔디 위로 빨간 기둥과 노랗게 칠해진 벽을 한 건물이 서 있다. 1894년 고종 31년에 세웠다는 지장전(地藏殿)이다. 지장전은 기와를 씌운 토담 곁에서 짙은 향내를 피워대고 있다. 전내(殿內)에는 지장보살, 도명존자, 무독귀왕, 명부 십대왕과

대웅보전 내부의 모습. 석가모니 한 분만을 모시는 여느 절의 본당을 대웅전이라 부르는데 반해, 삼존불(왼쪽부터 아미타불, 석가모니불, 약사여래불)을 모시는 곳에서는 대웅보전이라고 한다.

판관 등의 조각상들이 눈을 치뜨고 노려본다.

아득하리만치 진한 향 연기 속에 흑백의 초상화가 왼편 구석에 놓여있다. 천상에서 지옥까지 일체 중생을 교화한다는 대자대비한 지장보살의 도움이 있기를 바라며 후손들이 배려한 모습인 듯했다.

가을의 향취 속에 풍미를 더해 가는 들깨국수, 토란튀김

대웅전 뒤편의 높은 담 위로 자라난 소나무들이 웅장할 정도의 크기와 품위로 서 있었다. 스님에게 어떤 곳인가를 물었더니 스님들이 참선(參禪)하는 곳이라 일러 주었다.

4월부터 6월 사이, 10월부터 12월 사이에 스님들이 부처님의 가르침을 익히고, 수양을 쌓는 교육장과 같은 곳이었다. 과연 어떠한 모습을 하고 있는 곳인지 의구심에 고개를 삐죽 내밀었다. 전혀 보이지 않는다.

스님은 그런 심정을 읽기라도 한 듯이 "사람을 위해서 종교가 있는 것이지, 종교가 사람 머리에 있다면 참된 종교가 아닙니다. 사람 사는 세상과 뭐 다를 게 있겠습니까"라는 말을 건네왔다.

어느 절이거나 사찰 초입에는 반드시 개울이 놓여있게 마련이다. 그러나 용주사는 규모가 그리 크지 못한 까닭인지 개울은 없는 듯하고 약수터가 있었다. 물이 오염될 것을 염려했는지 우물이었던 곳을 막아놓고 그 옆에 수도꼭지를 달아 놓았다.

한참 돌아다녔던 탓에 갈증이 일어 벌컥거리며 마신 물의 맛은 참으로 시원하였다.

싱그런 산사의 물맛을 느끼며 고개를 드니 서너 개의 장독이 땅 속에 묻혀 뚜껑만 내밀고 있었다. 되도록 자연과 가까워지고자 했던 한국인의 지혜가 거기에 있는 듯했다.

이곳 용주사에선 옛부터 가을을 맞이할 때면 국화전과 들깨국수, 그리고 토란튀김, 두

부소박이를 만들어 먹는다고 한다. 푸른 국화잎에 보라색, 노란색 국화꽃잎이 어우러져 빚어내는 국화전은 그 색깔만큼이나 운치있는 음식이며, 들깨를 맷돌에 갈아 만든 국물로 칼국수를 해먹는 들깨국수는 정감 어린 우리네 장맛처럼 구수한 가을 풍취를 더해준다.

장독 주변에는 아름다운 채송화가 그 자태를 뽐내며 피어 있다.

지장전 뒤에 있는 석탑의 모습. 탑의 층층에 신도들이 정성으로 쌓아올린 돌탑과 어느 신도가 모셔 놓은 부처상에서 지극한 발원의 마음이 엿보인다.

그리고 추석 가까운 날 텃밭에 자란 토란을 튀긴 토란튀김은 풍성한 가을을 약속하는 별미라 할 것이다. 더불어 두부 사이에 버섯을 다져 넣고 튀김옷을 입혀 튀겨 먹는 두부소박이는 산사의 정갈한 음식맛을 잘 느끼게 해준다.

약수터에서 조금 떨어진 곳에 한 젊은이가 그림을 그리고 있었다. 낡은 화구, 거의 짜내버려 볼품 없는 물감, 그리고 말라버린 물감이 붙은 팔레트를 들고 산사의 풍경을 담아내고 있었다. 짙푸른 색깔과 어두운 바탕색으로 칠해진 캔버스에는 아직 덜 여문 냄새가 났다. 가을이 덜 여문 탓인지….

국화전

국화전은 그 꽃과 잎에 모두 특유의 방향이 있어서 식욕을 돋우는 작용을 한다. 그 풍미가 탁월한 것은 국화에 함유되어 있는 정유 성분 때문인데 대표적인 정유 성분으로는 보르네올, 장뇌와 크리산테논 등이 있다. 그 외에 비타민 B1, 아미노산, 호박산 등의 유기산과 후라보노이드 등의 아름다운 색소를 함유하고 있어서 풍미가 더욱 탁월하다. 두통, 현기증, 충혈, 항바이러스성 등에 유효하기 때문에 민간요법에 자주 쓰인다.

재료
색색의 꽃 10송이, 잎 20장, 소금 1/2작은술, 밀가루 1컵, 물 1컵, 간장 1큰술, 식초 약간

만드는 법
01 국화 꽃송이는 자주색, 흰색, 노란색 구별해서 깨끗이 씻어 정리한다.
02 꽃잎은 밀가루와 물을 같은 양으로 반죽한 것에 묻혀서 기름을 두른 팬에 노릇노릇하게 부쳐낸다.
03 잎사귀는 좋은 것만 골라서 행주로 닦은 다음 마른 가루를 우선 묻혀둔다.
　 2의 반죽에 묻힌 후 기름 두른 팬에 색을 살리면서 부쳐낸다.
04 상에 낼 때는 초간장을 곁들인다.

두부소박이

사찰음식의 재료로 두부가 각광을 받는 것은 육류에 버금가는 양질의 단백질을 가지고 있고, 두부 특유의 풍미로 인해서 식욕을 돋울 뿐만 아니라 소화 흡수도 잘 되기 때문이다. 바다의 고기라고 불리는 두부는 단백질 외에도 칼슘을 많이 함유하고 있으며 우리 몸에 꼭 필요한 지질, 식품에서만 섭취해야 하는 필수지방산인 리놀산도 풍부하다. 그밖에 비타민 B1, B2 등도 있어서 매우 이상적인 식품이다.

재 료
두부 2모, 느타리버섯 8개, 밀가루 1컵, 물 2/3컵, 소금 1/2 작은 술, 후춧가루, 깨소금, 물엿

만드는 법
01 두부는 너비 4cm 두께 0.3cm 정도로 썬다.
02 싱싱한 느타리버섯을 행주로 잘 닦은 다음 기름 두른 팬에서 볶다가 후춧가루, 깨소금, 물엿을 넣고 소금으로 간을 맞춘다.
03 밀가루는 물로 걸쭉하게 반죽하여 소금으로 간을 맞춰 튀김옷을 만든다.
04 두부 위에 준비한 느타리버섯을 얹고 또 하나의 두부로 맞덮은 다음 튀김옷을 입혀 180℃의 고온에서 튀긴다.
05 상에 낼 때 튀겨낸 두부를 어슷썰어 큰 접시에 예쁘게 돌려 담는다.

토란튀김

위와 장의 열을 내리게 하고 변비 해소에 유효한 것으로 알려진 토란의 주성분은 탄수화물이다. 포도당, 과당 등 여러 종류의 당이 포함되어 있고, 글루타민산 등 10여 종의 아미노산도 있다. 무기질로는 칼슘, 인 및 철분이 있으며 비타민류로는 C가 가장 많고 그밖에 B1, B2, 나이아신 등도 있다.

재료
토란 400g, 감자가루 1컵, 밀가루 1컵, 물 1컵 반, 소금, 튀김 기름

만드는 법
01 토란은 껍질을 벗겨 소금물에 삶아 낸 다음 찬물에 여러 번 헹궈 아린 맛을 뺀다.
02 밀가루와 감자가루를 반반씩 섞어 물로 걸쭉하게 반죽한 뒤 소금을 조금 넣고 튀김옷을 만든다.
03 토란에 튀김옷을 골고루 입혀 180℃의 끓는 기름에 튀긴다.

들깨국수

참깨 못지않게 들깨가 불로장생의 식품으로 알려진 것은 혈중 콜레스테롤을 저하시키는 필수 지방산인 리놀산과 여러 종류의 불포화지방산이 함유되어 있기 때문이다. 리나눌, 페리라알데하이드 등의 방향 성분이 함유되어 있어서 식욕을 돋우기도 한다. 소염작용과 소담 및 활장의 효능이 있으며 변비에도 좋다.

재료
밀가루 3컵, 물 2/3컵, 들깨 1컵, 물 3컵, 애호박 1/2개, 표고버섯 4개, 소금, 깨소금, 식물성 기름

만드는 법
01 밀가루를 뜨거운 물에 반죽하여 밀대로 얄팍하게 밀어 5cm 폭으로 만 다음 곱게 채치듯이 썬다.

02 들깨는 잡티를 골라내고 물에 푹 담갔다가 물을 부어가며 맷돌이나 믹서에 간다.

03 애호박과 표고버섯은 각기 채 썰어 기름을 두른 팬에 볶다가 간장과 깨소금으로 간을 맞춰 따로 담아 둔다.

04 냄비에 물을 붓고 곱게 간 들깨즙을 넣고 끓이다가 칼국수를 넣어 삶는다. 국물을 넘기지 않아야 들깨 맛을 제대로 낼 수 있다.

05 상에 낼 때는 볶은 애호박과 표고버섯을 웃기로 얹어 낸다.

명아주나물

재 료
명아주, 고춧가루, 된장, 참기름

만드는 법
01 명아주는 잎이 깨끗한 것으로 고르고, 너무 큰 것은 먹을 만한 크기로 잘라 끓는 물에 살짝 데쳐 낸다. 데친 명아주는 물기를 짠다.

02 데친 명아주에 된장, 고춧가루, 참기름을 넣고 무친다.

무릇뿌리조림

재 료
무릇뿌리, 진간장, 조청, 식용유, 통깨

만드는 법

01 무릇뿌리를 약한 소금물에 삶아 미지근한 물에 3시간 정도 담가 아린 맛을 우려 낸다.

02 냄비에 식용유를 두르고 물기를 뺀 무릇뿌리를 볶는다.

03 노릇노릇할 정도로 적당히 볶다가 진간장을 넣고 끓인다.

04 뿌리에 간이 배면 준비한 조청과 통깨를 넣고 약한 불에서 윤이나게 서서히 졸인다.

인동초 식혜

 인동은 인동과의 반상록성 관목이며 덩굴식물로서 각처의 산야에 난다. 길이 3m 내외로 줄기가 오른쪽으로 감아 올라가고 어린 가지는 적갈색으로 털이 있으며 속이 비어 있다. 민간과 한방에서는 잎, 줄기, 꽃, 열매 등을 이뇨, 해독, 종기, 부종, 감기, 소염, 진통, 지혈 등에 약재로 쓴다. 약명으로는 '금은화' 라고 불리며 금은화 꽃은 산열 해독, 소종, 거농, 이뇨, 살균작용이 있어 열성병, 화농성 질환, 급만성임질, 매독, 악창 등에 특효약이라 소개되기도 한다.

재 료
인동초 덩굴 250g, 엿기름 4컵, 멥쌀 5컵, 물 30컵, 설탕 3컵, 잣 2큰술

만드는 법
01 미지근한 물에 엿기름 가루를 담가두었다가 손으로 주물러서 고운 체에 걸러 가라 앉힌다.
02 멥쌀은 씻어 건져 찌거나 된밥을 짓는다.
03 엿기름은 앙금이 가라앉으면 맑은 윗물을 따라버리고 엿기름 물을 준비한다.
04 엿기름 물에 설탕 1컵과 밥알을 넣고 보온밥통에 4~5시간 정도쯤 둔다.
   (오븐을 사용할 경우 발효기능에 맞춘다)
05 밥알이 떠오르면 밥알을 건져 찬물에 헹군다.
06 식혜 물에 나머지 설탕을 넣고 끓인 뒤 잠시 놔두었다가 5cm 간격으로 썬 인동초 덩굴을 잘 섞어서 넣는다.
06 식혜 물을 식혀서 그릇에 담고 밥알과 잣을 띄워 낸다.

인동초 차

인동초를 그늘에 말렸다가 뜨거운 물에 우려내어 마신다.

인동초 술

인동초를 깨끗이 씻어서 물기를 뺀 후 유리병에 넣고 소주를 잠길 정도로 부어 밀봉시킨다.

국화송편

재 료
국화잎, 멥쌀, 소금, 쑥, 꿀 또는 물엿, 껍질 벗긴 햇밤, 솔잎

만드는 법
01 쑥은 깨끗이 다듬어 찬물에 헹군 다음 물기를 꼭 짠다.
02 멥쌀은 깨끗이 씻어 5시간 정도 불렸다가 건져서 소금을 넣고 쑥을 함께 섞어서 빻아 체에 내린다.
03 햇밤을 소로 넣고 송편을 빚는다.
04 깨끗이 씻은 솔잎을 한 겹 깐 뒤 송편을 올려놓고 쪄낸다.
05 국화 잎사귀는 찹쌀 반죽에 묻혀서 전을 구워낸 다음 꿀이나 물엿에 재워 놓았다가 송편을 물엿에 재웠던 국화잎으로 싸서 먹는다.

통두부구이

재 료
두부, 붉은고추, 풋고추, 배 한 쪽, 진간장, 고춧가루, 참기름, 식용유

만드는 법
01 두부는 통째로 깨끗이 씻어 물기를 걷고 기름을 두른 팬에 앞·뒷면을 노릇노릇하게 구운 다음 두부 위 아래에 바둑판 모양같이 가로 세로로 칼집을 넣어 양념이 잘 배게 한다.
02 배 한 쪽, 붉은고추, 풋고추는 채 썬다.
03 진간장에 고춧가루, 참기름, 깨소금을 넣고 양념장을 만든다.
04 그릇에 구운 통두부를 담고 양념장을 끼얹은 후 채 썬 풋고추, 붉은고추 배를 고명으로 얹는다.

※ **POINT** 김을 바싹 구워 부수어서 솔솔 뿌려 먹으면 더욱 맛있다.

두부탕

재 료
두부, 밀가루, 들깨즙, 미나리, 식용유

만드는 법
01 두부는 가로 세로 2cm 크기로 골패 썰기 한 다음 밀가루를 살짝 묻혀 기름에 튀긴다.
02 들깨즙을 끓여 튀긴 두부 위에 붓고 미나리를 향기롭게 고명으로 얹는다.

토란국

재 료
토란, 다시마, 잣, 소금

만드는 법
01 토란은 껍질을 벗기고 소금물에 삶아 찬물에 여러 번 헹궈 아린 맛을 빼고, 큰 것은 반으로 자르고 먹기 좋은 것은 통째로 쓴다.

02 다시마를 찬물에 넣고 소금을 약간 친 다음 끓여 충분히 우러나면 다시마를 건져내고 토란을 넣어 푹 익도록 끓인다.

03 그릇에 담고 잣을 뿌린다.

※ POINT 위의 재료와 곁들여 들깨즙, 표고버섯을 넣고 끓이면 또 다른 맛의 변화를 줄 수 있다.

토란줄기볶음

재 료
토란줄기, 진간장, 들깨즙, 식용유

만드는 법
01 토란줄기는 요리하기 하루 전부터 미지근한 물에 불린 후 한 번 더 삶는다.

02 토란줄기의 물기를 꼭 짜고 나서 길이로 찢고 5cm 정도의 크기로 자른다.

03 팬에 식용유를 두르고 뜨거워지면 토란줄기와 들깨즙을 넣고 볶다가 진간장으로 양념한다.

들깨송아리튀김

재 료
들깨송아리, 찹쌀풀, 식용유

만드는 법

01 들깨송아리가 반쯤 여물었을 때 송이째 따다가 찜통에 살짝 찐다.

02 찹쌀풀을 무르게 쑤어 들깨송아리 표면에 고루 발라 햇볕이 잘 드는 곳에 줄로 매달아 꾸덕꾸덕하게 말린다.

03 튀김솥에 식용유를 붓고 180℃로 끓으면 말린 들깨송아리를 하나씩 넣으면서 바삭하게 튀겨낸다.

들깨즙

재 료
멥쌀 100g, 들깨 50g

만드는 법

01 쌀을 3~4번 반복하여 씻는다. 이때 쌀이 2~3토막이 나도록 씻은 후 그 뜨물은 다른 그릇에 받아놓는다.

02 들깨를 일어서 믹서에 들깨와 쌀뜨물을 넣고 곱게 간다.

03 고운 채에 물을 내리면 들깨즙이 된다.

04 쌀에 남아있는 뜨물을 넣고 끓인다. 푹 무른 다음 들깨즙을 넣고 한소끔 끓인다.

05 소금으로 간하여 먹는다.

들깨강정

재 료
들깨 1컵, 설탕 2컵, 물엿 2컵, 물 1컵

만드는 법
01 들깨를 일어 건져 살짝 볶는다.
02 설탕에 물을 넣고 끓이다가 물엿을 넣고 불을 약하게 하여 반 정도로 줄 때까지 끓인 다음 숟가락으로 떨어뜨렸을 때 뚝뚝 떨어질 정도가 되면 준비한 들깨에 물엿을 부어 서로 잘 엉기도록 나무주걱으로 재빨리 저어 뭉친다.
03 손에다 식용유를 바르고 조물조물하여 동그랗게 들깨강정을 만든다.

들깨잎 장아찌

재 료
들깨잎, 된장(또는 고추장), 소금

만드는 법
01 들깨를 일어 건져 살짝 볶는다.
02 외올베에 모두 싸서 된장이나 고추장 항아리에 1개월 정도 박아두면 장아찌가 된다.
03 먹을 때 담백하게 그냥 먹기도 하고 양념장을 끼얹어 재웠다 먹어도 좋다.

나옹화상을 다비(茶毘)한 남한강변 절벽에 그의 당호를 따서 세운 누각 강월헌(江月軒)의 모습. 이 곳에 올라보면 수백 리를 흘러온 남한강과 들판이 펼쳐져 가슴을 틔게 한다.

여주
신륵사

연잎밥
우엉구이
돌나물김치
작약꽃튀김
국화송편
소리쟁이무침
표고버섯 찹쌀전병무침
엉개겉절이
장다리겉절이
호박시루떡

서울에서 동남쪽으로 약 2백 리, 여주읍에서는 동쪽으로 불과 1km에 위치한 신륵사(神勒寺). 신라 시대에 창건되어 1천여 년의 오랜 역사를 간직한 가람(伽藍)이다. 신륵사는 천송리의 아담한 봉미산 끝자락에 자리를 틀고, 아스라히 보이는 산세의 윤곽을 뒤로 한 채 남한강을 굽어보고 있다. 신록의 청아한 빛이 남한강 굽이에 실려 여간 절경이 아니다. 그런 연유로 이름난 시인과 묵객(墨客)들이 즐겨 찾았다고 한다.

시인은 남한강을 바라보며 인간 생명의 젖줄이요 혈맥을 발견하고, 그 속에 내려앉은 갖은 시름의 역사를 떠올리고 있는 듯하다.

묏부리 얽은 바위 그 하나하나에 따뜻한 숨결 솟구치는 힘도
배어 있으련만 바람은 그저 잊으라 하는구나.
먼 능선 굴참나무에만 엉겨붙어서 금빛 햇살 물 위에 엇비껴
일렁이고 뗏목은 유유히 흘러가는구나.
태고의 느린 가락을 실은 채,
허물어진 성벽 곳곳에서 남포가 터지고 꾀꼴새 두려워
이 골짝 저 골짝으로 피해서 우짖는 데도.

— 신경림「남한강」중에서

고승들의 숨결 담긴 전설과 유물이 풍부한 국내 유일의 강변 사찰

여주는 이렇게 강을 끼고 있기에 쌀이 많이 나고 그 맛이 좋기로 정평이 나 있다. 그래서 옛부터 '쌀은 이천이나 여주 것이라야 했고, 그것을 솥내가 나지 않도록 곱돌에다 넣어 밥을 만들고, 이때 연기 냄새가 밥맛을 그르치지 않도록 뽕나무를 때도록 했다'는 말이 전해 온다. 여주에 마밥이며 떡 종류가 가지가지인 까닭은 이처럼 곡창지로서 가지게 되는 면모인 것이다. 신륵사로 향하는 여주의 들판은 가을을 기다리는 논밭으로 마냥 풍요롭기만 했다.

신륵사의 풍광을 더욱 수려하게 하는 남한강의 도도한 물결. 충주와 오대산에서 발원, 여주를 끼고 흐르는 남한강은 나지막한 봉미산과 함께 신륵사를 포근하게 감싸고 있다.

조사당 뒤편 계단을 따라 올라가면 만나게 되는 석등과 석종. 나옹화상의 사리를 봉안하기 위해 세운 석종부도는 고려말의 대표적인 부도 양식이다.

　신륵사는 진평왕(眞平王) 때 원효대사께서 창건하시고, 조선조에 이르러서는 성종(成宗) 때 세종의 원찰(願刹)이 되기도 한 곳이다.

　그리고 일제하 기미년 3·1 운동 때에는 당시 주지스님이시던 김용식 스님이 앞장을 서서 면민들과 만세운동을 벌이다가 탄압을 받았던 곳이라 전한다. 「신륵사」라 쓰여진 편액(扁額)의 중후한 글씨체에서부터 그 굳건한 역사를 읽어내게 했다.

　사내에는 다층석탑, 조사당, 석종, 석종비, 석등, 전탑 등 7점에 달하는 국가 지정 보물이 안치되어 있었다. 선인의 발자취가 유물들 속에 남아 여행객의 마음을 경건하게 하였다. 다층석탑은 우리 나라 석탑으로는 드물게 대리석으로 만들어져 있다. 기단 면석에는 구름 속을 헤집고 노니는 용의 형상을 한 운용문(雲龍紋)과 하얗게 부서지는 파도를 형상화한 파도문(波濤紋), 그리고 상하대석(上下臺石)의 연화문(蓮花紋)이 입체감 있게 새겨져 있다. 연꽃의 형상을 눈여겨 보고 있노라니 부처님의 너그러운 미소가 떠올랐다.

　물을 끼고 있는 까닭에 여기 신륵사에서는 연잎으로 밥을 지어먹는 전통이 있다. 아침 이슬에 새초롬한 빛을 띠는 넓적한 연잎에다 불린 찹쌀과 연씨, 그리고 연뿌리를 썰어 넣는다. 이것을 곱게 묶어 찐 후 연잎을 헤쳐 먹는 것인데, 그 이름을 연잎밥이라 한 것

전(塼)을 쌓아올려 만든 굴뚝. 다층전탑으로 유명한 신륵사의 면모를 강조하는 듯한 독특한 굴뚝 양식이다.

이다. 다층석탑 연꽃의 아름다움은 이렇듯 운치있는 식생활에서 비롯되었는지 모른다.

다층석탑 바로 앞에는 삼존불을 봉안하기 위해 마련된 극락보전(極樂寶殿)이 있다. 내부의 삼존불은 광해군 2년(1610)에 인일・구천 두 스님이 조성하였고, 뒷면의 탱화는 광무 4년에 제작되었다고 한다. 꼭 다문 부처님의 입술에 떠도는 미소와 엄숙한 분위기를 자아내게 하는 향 연기가 은은했다.

조사당에는 지공화상, 나옹화상, 무대사를 모시고 있는데, 원래는 세 화상의 영정만을 모셨으나 현재는 나옹화상 목조상까지 봉안되어 있었다.

이 세 분 중 나옹화상은 신륵사에서 열반하셨다. 그래서 강변에서 수습한 스님의 사리를 봉안한 석종부도가 울창한 소나무 숲 속에 안치되어 있다. 보주(寶珠) 위에 조각된 불꽃 무늬가 하늘로 치솟을 듯 살아 있는 느낌을 주었다.

그리고 8각 기단 위에 8각의 화사석과 옥개를 덮은 나옹화상의 석종부도(石鐘浮屠)가 있다. 거기에는 용무늬와 비천상(飛天像)이 새겨져 있는데, 하늘과 땅의 조화에 늘 마음쓰던 선조의 의식 세계가 흐르는 옷깃에 내려앉았다.

나옹화상의 전설이 간직된 강월헌의 수려한 풍광

조사당 앞에는 향나무가 서 있는데, 이성계를 도와 조선 왕조를 개국하는데 공헌 한 무학대사가 심었다고 한다. 그런 구전을 믿기에 의심이 가지 않는 것은 아니지만, 그 수령이 약 6백 년이라 추정되고, 나무 등걸의 붉은 빛과 잎새의 푸른 기운이 드센 걸로 보아 사실일 성 싶기도 했다.

찬우물로서 이곳은 과일 및 반찬 종류를 시원하게 보관하기 위해 이용되었다.

조사당 앞에 있는 향나무. 무학대사가 그의 스승 나옹화상을 추모하기 위해 심은 것으로 둘레가 30여 미터나 되는 독특한 모양이어서 귀한 정원수로 평가되고 있다.

　신륵사 뜰에는 사철나무들이 옹기종기 잘 다듬어져 있었다. 그런데 가지를 치고 둥근 모양으로 다듬은 것이 인공적인 감을 주어 우리 민족의 정원이 아니라는 생각을 갖게 한다. 원래 한국의 사찰에는 정원이 없는 것이 특징이다. 사람들이 즐기자고 있는 곳이 아니라 어디까지나 수도를 위한 곳이었기 때문이다.

　언젠가 불교가 크게 융성하면서 극락정토의 장엄함을 신도들에게 보여주고자 법당 둘레에 아름다운 정원을 가꾸기 시작했다. 그래서 으레 못을 만들고 그 가운데 조그만 섬을 띄웠다. 섬은 피안의 세계요, 그 주위의 물은 바다이다. 그리고 그 사이에 다리를 놓아 이승과 저승을 넘나드는 길을 터놓았다.

　그러나 우리네 사찰은 그럴 필요가 없었다.

　정원은 앞뜰이 아니라 뒤뜰이 된다. 남향으로 집을 지어 밝은 햇빛을 받아 마시고, 뒤로는 숲과 산이 정원으로써 자리를 지킨다. 이리저리 비틀고 전정(剪定)하여 기형의 나무를 만들지 않고, 제 스스로 가지를 뻗어 올려 쑥쑥 하늘로 손짓을 하는 그런 나무들이 정원을 이루고 있었던 것이다. 그러고 보면 신륵사 안뜰의 잘 다듬어진 나무들은 옹

천년 고찰의 체취가 담긴 듯한 경내의 돌담이 무궁화와 어우러져 한층 정감을 돋운다.

색한 느낌을 주는 듯했다.

　얼마 있으면 가을을 찬미하듯 국화꽃들이 신륵사 주변에 들어차게 되리라. 고대 중국의 천자들은 봄에 청색, 여름에 적색, 계하(季夏)에 황색, 가을에 백색, 그리고 겨울에 흑색의 옷을 입었다고 한다. 늦여름의 황색과 가을의 백색을 잘 드러내주는 것은 여지없이 황국화와 백국화이다.
　이러한 동양인의 색감을 드러내듯 이 곳 신륵사에선 국화 송편이란 것을 즐겨 먹었다. 국화 송편은 국화 잎사귀를 송편에 얹어 전을 부친 다음 조청이나 꿀에 재워 놓았다가 싸서 먹는 음식이다.
　풍광이 수려한 남한강변에 유람 온 선남선녀가 많았다. 화사한 웃음은 가을을 성큼 앞당기려는 듯 곱기도 하다. 그들은 강월헌을 찾아서 늦여름의 정경과 아릿한 전설을 떠올리고 있는지도 모른다. 강월헌 아래 강가의 마암에서 용마가 날뛰어, 나옹화상이 절에서 신비로운 굴레를 가져다 씌우니 양순해졌다는 전설을….

신륵사 대웅전의 전경. 이 절은 고려말의 고승 나옹화상이 입적한 절로, 다층대리석탑·석종부도·전탑 등 보물급 유물이 7점이나 보존되어 있다.

달래강 푸른 물은 금탄(金灘)을 접하였고
새재 푸른 봉우리는 월악산(月岳山)에 이어져 드높다.
남북으로 보내고 맞는 일이 어느 때이랴.
산은 스스로 푸르고 물은 스스로 아득하도다.

조선조 전기의 서거정(徐居正)이 읊었다는 한시(漢詩)다. 여기서 '금탄'이란 서울로부터 남한강 뱃길이 머무는 지금의 탄금대 부근을 가리킨다. 남한강의 뱃길과 새재의 육로가 충주에서 맞닿게 되는 지형을 여기서 엿볼 수 있다. 서거정이 남한강가를 거닐며 하염없이 흐르는 물에다 인간 세파의 엄혹한 현실을 실어 안타까이 노래했던 것이다.

신륵사의 대웅전인 극락보전 앞의 다층석탑(보물 225호). 우리 나라 석탑으로는 드물게 대리석이 석재인 이 탑의 기단 면석에는 운용문과 파도문, 그리고 상하대석에는 연화문이 입체감 있게 새겨져 있다.

신륵사에는 그런 인간사를 안타깝게 여기듯 명부전(冥府殿)이 자리하고 있다. '명부'는 사람이 죽은 뒤에 심판을 받는 곳이며, 명부전이란 지옥 중생을 구원하고 자신의 성불도 마다한 지장보살을 봉안한 전각이다. 그리고 염라대왕의 상도 그 옆에 그려져 있다.

명부전 안을 눈여겨 보며 김시습이 쓴 《금오신화》 속의 「남염부주지(南炎浮洲志)」 이야기를 생각했다. 박서생은 《중용》과 《주역》에 통달하고 극락이니 지옥이니 귀신이니 하는 설을 강력히 부정하였다. 어느 날 밤 꿈에 염라국에 가서 염라대왕과 세상을 미혹시키는 사물에 대해 문답을 전개하게 된다.

염라대왕은 박서생이 강직해서 불의에 굴복하지 않는 기백을 장하게 여겨 죄인을 심판하는 염라국의 통치자 자리를 물려준다. 그것은 꿈이었다. 몇 달 후에 세상을 떠난 박서생이 염라대왕이 되었다는 소문이 돌았다는 것이 이 소설의 내용이다.

국내에 남은 전탑 중 가장 우수한 신륵사의 다층전탑

사람들은 현실을 중시하고 죽음에 대해 그리 두려워하지 않다가도 나이가 들거나 병이 들어서야 깨우치곤 한다. 삼라만상의 무상함과 '이렇게 살았어야 하는데…' 하는 후회가 뇌리를 스치는 것이다.

나옹화상을 다비(茶毘)하던 곳에는 다층전탑이 서 있다. 고려 시대에 건립된 이 탑은 현재 우리 나라에 남아 있는 몇 기(基)의 전탑 중에서도 가장 우수한 것으로 평가된다. 가까이 다가가서 차곡히 쌓인 돌들을 눈여겨 보니, 반원 두 줄과 당초무늬가 양각된 것이 눈에 띈다. 세세한 부분에까지 정성을 들인 것이다.

달래강 푸른 물은 금탄(金灘)을 접하였고
새재 푸른 봉우리는 월악산(月岳山)에 이어져 드높다.
남북으로 보내고 맞는 일이 어느 때이랴.
산은 스스로 푸르고 물은 스스로 아득하도다.

조선조 전기의 서거정(徐居正)이 읊었다는 한시(漢詩)다. 여기서 '금탄'이란 서울로부터 남한강 뱃길이 머무는 지금의 탄금대 부근을 가리킨다. 남한강의 뱃길과 새재의 육로가 충주에서 맞닿게 되는 지형을 여기서 엿볼 수 있다. 서거정이 남한강가를 거닐며 하염없이 흐르는 물에다 인간 세파의 엄혹한 현실을 실어 안타까이 노래했던 것이다.

신륵사의 대웅전인 극락보전 앞의 다층석탑(보물 225호). 우리 나라 석탑으로는 드물게 대리석이 석재인 이 탑의 기단 면석에는 운용문과 파도문, 그리고 상하대석에는 연화문이 입체감 있게 새겨져 있다.

신륵사에는 그런 인간사를 안타깝게 여기듯 명부전(冥府殿)이 자리하고 있다. '명부'는 사람이 죽은 뒤에 심판을 받는 곳이며, 명부전이란 지옥 중생을 구원하고 자신의 성불도 마다한 지장보살을 봉안한 전각이다. 그리고 염라대왕의 상도 그 옆에 그려져 있다.

명부전 안을 눈여겨 보며 김시습이 쓴 《금오신화》속의 「남염부주지(南炎浮洲志)」이야기를 생각했다. 박서생은 《중용》과 《주역》에 통달하고 극락이니 지옥이니 귀신이니 하는 설을 강력히 부정하였다. 어느 날 밤 꿈에 염라국에 가서 염라대왕과 세상을 미혹시키는 사물에 대해 문답을 전개하게 된다.

염라대왕은 박서생이 강직해서 불의에 굴복하지 않는 기백을 장하게 여겨 죄인을 심판하는 염라국의 통치자 자리를 물려준다. 그것은 꿈이었다. 몇 달 후에 세상을 떠난 박서생이 염라대왕이 되었다는 소문이 돌았다는 것이 이 소설의 내용이다.

국내에 남은 전탑 중 가장 우수한 신륵사의 다층전탑

사람들은 현실을 중시하고 죽음에 대해 그리 두려워하지 않다가도 나이가 들거나 병이 들어서야 깨우치곤 한다. 삼라만상의 무상함과 '이렇게 살았어야 하는데…' 하는 후회가 뇌리를 스치는 것이다.

나옹화상을 다비(茶毘)하던 곳에는 다층전탑이 서 있다. 고려 시대에 건립된 이 탑은 현재 우리 나라에 남아 있는 몇 기(基)의 전탑 중에서도 가장 우수한 것으로 평가된다. 가까이 다가가서 차곡히 쌓인 돌들을 눈여겨 보니, 반원 두 줄과 당초무늬가 양각된 것이 눈에 띈다. 세세한 부분에까지 정성을 들인 것이다.

강변의 언덕 위에 서 있는 다층전탑(보물 226호). 가까이 들여다보면 반원 두 줄과 당초무늬가 양각된 것을 알 수 있다.

연잎밥

장수 · 건강 · 명예 · 행운 · 군자를 의미하는 연잎은 불교에서 극락 세계를 상징하기도 하고, 이를 이용한 연잎밥은 대표적인 사찰음식 중 하나이다. 비타민 B 복합체가 풍부할 뿐만 아니라 철분도 함유되어 있는 연잎의 주성분은 탄수화물이며, 단백질과 지방질이 풍부하여 저혈압에도 좋은 자양 강정식품으로 알려져 있다.

뿐만 아니라 연잎밥에 사용되는 찹쌀, 팥, 연근 등은 피로 회복, 정신 안정에 탁월한 효과가 인정되어 왔는데, 《본초강목》에 의하면 '기력을 성하게 하며 100가지 질병을 낫게 하고 오래 먹으면 몸이 가벼워지며 수명을 길게 한다'고 기록되어 있다.

재 료
연잎 8장, 연근 200g, 연밥 1컵, 찹쌀 4컵, 팥 1/2컵, 물엿 1/2컵, 소금 1큰술, 잣

만드는 법
01 연밥의 단단한 껍질을 깬 다음 속껍질을 벗기고 반으로 쪼개 가운데 쓴맛이 나는 씨눈을 떼낸 다음 씨만 받는다.
02 연근은 껍질을 벗기고 2~3cm 두께로 썰어 먹기 좋게 2~4등분한다.
03 찹쌀은 깨끗이 씻어 물에 담가 불리고 팥은 삶는다.
04 깨끗이 씻어 물기를 없앤 연잎을 펼쳐 준비해 둔 연근, 연씨, 찹쌀, 팥을 가운데 놓고, 여분의 연잎으로 감싸면서 짚이나 실로 묶어 찐다.
05 한 번 찐 것을 들어내 연잎을 헤치고 밥을 뒤적이며 물엿, 잣, 소금으로 간을 맞춘 후 다시 싸서 푹 쪄낸다.

57

우엉구이

 알칼리성 식품인 우엉의 주성분은 탄수화물인데, 그 대부분은 '이눌린'이다. 이것은 당뇨병 환자에게 아주 좋고 이뇨효과가 있어 신장병에도 좋다. 혈당 강하작용이 있을 뿐만 아니라 항균작용도 있어서 여러 종류의 병원성 진균류에 대하여 억제작용이 있음이 학술적으로 입증되었다. 또한 부종, 해독에도 효능이 있다.

 무기질로 칼슘, 철분과 인이 함유되어 있으며 비타민도 B복합체와 C등이 포함되어 있고 단백질과 지방질이 함유되어 있어서 약효뿐만 아니라 영양면에서도 빠짐이 없다.

재료
우엉 300g, 밀가루 4큰술, 양념 고추장(고추장 3큰술, 통깨 1큰술, 물엿 1큰술)

만드는 법
01 우엉은 칼로 껍질을 벗겨내고 7cm 길이로 잘라서 식초물에 담가 우려낸 다음 끓는 물에 말랑말랑하게 삶아 길이로 반을 가른다.

02 반 가른 우엉을 칼등이나 칼끝으로 자근자근 두드려서 납작하게 편 뒤 밀가루를 살짝 묻힌다.

03 고추장에 통깨, 물엿을 넣고 골고루 섞어 양념 고추장을 발라 석쇠에서 굽는다.

돌나물김치

재 료
돌나물, 고춧가루, 쌀뜨물, 다진 생강, 소금, 붉은 고추, 풋고추

만드는 법
01 돌나물은 잘 다듬어 흐르는 물에 씻어 놓는다.
02 겉쌀뜨물은 버리고 속쌀뜨물을 받아 끓인 다음 식혀서 소금으로 간을 맞춘다.
03 고춧가루, 생강 다진 것을 고운 외올 베에 싸서 2의 쌀뜨물에 넣고 손으로 주물러 그 향기와 맛이 우러나게 한 후 돌나물을 넣고 붉은 고추와 풋고추를 채썰어 그 위에 띄운다. 하루 동안 익힌 후 먹는다.

작약꽃튀김

재 료
작약꽃, 녹말가루, 밀가루, 소금, 식용유

만드는 법
01 작약꽃은 송이째 따서 깨끗하게 준비한다.
02 녹말가루, 밀가루를 1:1의 비율로 넣어 튀김 반죽을 한 다음 소금으로 간을 한다.
03 작약꽃 송이에 튀김옷을 입혀 기름에 튀겨 낸다. 튀길 때는 꽃송이가 갈색으로 변하지 않도록 너무 오래 튀기지 않는 것이 좋다.

국화송편

국화잎은 달짝지근하면서도 약간 매운 맛을 지니고 있는데, 이것은 국화에 함유되어 있는 정유 성분 때문으로, 식욕을 돋우기도 한다. 여기에 함유되어 있는 성분은 아데닌, 콜린, 스타키드린 등과 아미노산, 크리사테민, 후라보노이드와 미량의 비타민 B1 등이다.

정유 성분은 주로 장뇌, 보루네올 등이고 그밖에 유기산으로 호박산 등도 함유되어 있다. 두통, 현기증, 눈의 충혈(특히 붉은 핏기가 있는 경우 더욱 좋다) 등 해독과 정장에도 효능이 있다.

재료
국화잎 50장, 멥쌀 5컵, 소금 1큰술, 쑥 100g, 꿀 1컵, 껍질 벗긴 햇밤, 솔잎 약간

만드는 법
01 쑥은 깨끗이 다듬어 찬물에 헹군 다음 멥쌀과 섞어서 빻아 체에 내린다.
02 멥쌀을 깨끗이 씻어 5시간 정도 불렸다가 건져서 소금을 넣고 빻아 체에 내린다.
03 햇밤을 소로 넣고 송편을 빚는다.
04 깨끗이 씻은 솔잎을 한 겹 깐 뒤 송편을 올려놓고 쪄낸다.
05 국화 잎사귀는 찹쌀 반죽에 묻혀서 전을 구워낸 다음, 꿀이나 물엿에 재워 놓았다가 송편을 하나씩 국화잎에 싸서 먹는다.

소리쟁이무침

소리쟁이는 역귀과의 다년생 초본이며 각처의 들이나 길가 부근의 약간 습기가 있는 곳에 난다. 땅 속의 굵은 뿌리를 캐어 그늘에 말리거나 또는 생으로 쓰기도 하며 생뿌리를 강판에 갈아 즙을 낸 것을 피부병과 종기 등에 바르면 효과가 있다.
생선독에는 새싹을 생식하면 좋고, 변비에도 그 효과가 뛰어나다.

재료
소리쟁이, 간장, 참기름, 고춧가루, 깨소금, 참기름

만드는 법
01 명아주는 잘 손질하여 흐르는 물에 씻어 놓는다.
02 끓는 물에 준비한 명아주를 살짝 데친 후 물기를 꼭 짠다.
03 2에 간장, 고춧가루, 깨소금을 넣어 무친 후 마지막에 참기름을 떨어뜨린다.
※ POINT 들에 지천으로 깔려 있는 명아주는 시금치와 맛이 흡사하고 굉장히 부드럽다.

표고버섯찹쌀전병무침

표고버섯에는 혈청지질을 분해시키기는 성분이 있어서 고혈압이나 동맥경화 등 성인병 예방을 위한 식이요법에 많이 이용된다.

주성분은 탄수화물이지만 조섬유질이 다량 함유되어 있어 칼로리가 적은 다이어트 식품으로도 우수하다. 칼슘과 인, 철분 등의 무기질이 있고 비타민 B1, B2 등의 비타민 B복합체 외에 니코틴산 등이 함유되어 있어서 변비 예방에도 효능이 있다.

그밖에 허기를 느끼지 않게 하므로 비만증 환자들에게 더욱 효과적이고, 빈혈을 치료할 정도로 철분이 많아서 각광을 받는다.

재료
찹쌀가루, 표고버섯, 애호박, 간장, 통깨, 후추, 물엿

만드는 법
01 찹쌀을 하루 정도 물에 담궜다가 소쿠리에 건져 물기를 빼고 곱게 빻아 가루로 만든다.

02 가루를 뜨거운 물로 되직하게 반죽하여 메추리알 크기로 둥글게 완자를 빚는다.

03 프라이팬에 기름을 두르고 팬주걱으로 찹쌀 완자를 지그시 누르며 노릇노릇하게 전병을 부친다.

04 표고버섯의 줄기를 떼내고 큰 것은 4등분 또는 2등분하고, 애호박도 표고버섯 크기로 썰어 역시 노릇하게 볶는다.

05 준비된 재료를 넣고 간장, 통깨, 물엿, 후추로 양념하여 살살 무쳐낸다.

엉개걸절이

재 료
엉개잎, 진간장, 고춧가루, 깨소금

만드는 법
01 엉개나무의 어린 순을 따서 깨끗이 다듬어 흐르는 물에 씻는다.
02 진간장에 고춧가루, 깨소금을 넣고 양념장을 만든다.
03 준비한 엉개잎에 양념장을 끼얹어 살살 무치다가 참기름을 떨어뜨려 먹는다.

장다리겉절이

재료
장다리, 진간장, 고춧가루, 통깨, 참기름

만드는 법
01 장다리는 깨끗이 다듬어 씻어 물기를 빼고 5cm 길이로 썬다.
02 진간장에 고춧가루, 통깨를 넣고 잘 섞어 양념장을 만든다.
03 그릇에 장다리를 담고 양념장을 끼얹어가며 살살 털 듯이 무치다가 참기름을 친다.

호박시루떡

재 료
늙은 호박, 찹쌀, 멥쌀, 팥, 소금, 무

만드는 법
01 누렇게 잘 익은 늙은 호박을 놋숟가락으로 긁어 껍질을 벗긴 다음 반으로 갈라 속을 긁어내고 굵직하게 채썬다.

02 찹쌀과 멥쌀을 1:5의 비율로 섞어 물에 담가 푹 불린 후 곱게 가루로 빻는다.

03 빻은 쌀가루에 호박을 넣어 고루 섞고, 소금물로 간을 맞춘다.

04 무는 나박나박하게 썬다.

05 시루바닥에 나박썰기한 무를 깔고 삶은 팥을 놓은 다음, 준비한 떡가루를 3cm 두께로 얹고 다시 팥을 1cm두께로 얹는 식으로 반복해서 켜켜로 안친 다음 푹 찐다. 대꼬치로 찔러보아 가루가 묻지 않으면 불을 끄고 뜸을 들인다.

연근김치

재료
연근, 미나리, 배, 밤, 대추, 찹쌀풀, 통깨, 붉은고추, 풋고추, 고춧가루, 감초물, 소금

만드는 법
01 연근은 깨끗이 다듬어 2~3mm 두께로 썬다.

02 미나리는 5cm 길이로 썬다.

03 배, 밤, 대추는 채 썬다.

04 찹쌀풀에 통깨, 고춧가루, 붉은고추와 풋고추 채 썬 것, 감초물, 소금을 넣고 1, 2, 3을 함께 버무려 3일쯤 익힌 뒤 먹는다.

연근물김치

재 료
연근, 미나리, 배, 붉은고추, 풋고추, 통깨, 감초물, 소금, 대추,
밤, 생강, 고춧가루, 잣

만드는 법

01 연근을 1~2mm로 얇게 썰어 식초물에 2시간 정도 담가 표백시킨 후 소금물로 약하게 간을 해둔다.

02 미나리는 3cm로 썰고 배도 3cm로 채 썬다. 밤, 대추, 붉은고추, 풋고추도 채썬다.

03 고춧가루와 생강 다진 것을 외올베에 싸서 물에 넣고 주물럭거려 매운맛만 우러내 국물을 만든다.

04 1, 2, 3을 함께 섞고 통깨를 뿌린 후 감초물로 단맛을 내어 하루쯤 지나 새콤하게 익으면 잣을 띄워 먹는다.

연근튀김

재 료
연근, 녹말가루, 밀가루, 식초, 식용유, 소금

만드는 법

01 연근은 껍질을 벗기고 식초물에 담가 아린 맛을 우려낸 다음 5mm 두께로 썬다.

02 밀가루와 녹말가루를 반반씩 섞어 물로 걸쭉하게 반죽한 뒤 소금을 조금 쳐 튀김옷을 만든다.

03 연근에 튀김옷을 입혀 150℃로 기름에 튀긴다.

우엉볶음

재 료
우엉, 붉은고추, 풋고추, 후추, 통깨, 물엿, 진간장, 식용유

만드는 법

01 우엉은 5cm 길이로 썬 후 물에 살짝 삶는다. 길이대로 반으로 쪼개서 칼집을 낸 다음 칼등으로 자근자근 부드럽게 만든다.

02 풋고추, 붉은고추를 곱게 채 썰고 후추, 참깨, 물엿, 진간장, 식용유 양념을 한 다음 그 위에 우엉을 냄비에 담고 위에 양념장을 끼얹은 다음 약한 불에 서서히 졸여낸다.

송이버섯튀김

재 료
송이버섯, 녹말가루, 밀가루, 소금, 식용유

만드는 법
01 송이버섯은 깨끗이 씻어 물기를 없앤 다음 손으로 잘게 찢는다.
02 녹말가루와 밀가루를 반반씩 섞어 물로 되직하게 반죽한 다음 소금을 쳐서 간을 맞춘다.
03 송이버섯에 튀김옷을 알맞게 입혀 180℃로 끓는 기름에 튀긴 다음 진간장에 찍어 먹는다.

송이버섯밥

재 료
송이버섯, 애호박, 멥쌀, 양념장(진간장, 깨소금, 참기름)

만드는 법
01 송이버섯을 찢어 밥을 짓는다.
02 밥이 끓으면 애호박을 가늘게 채 썰어 넣고 뜸을 들인다.
03 밥을 섞어 푼 다음 양념장을 곁들여 낸다.

송이버섯구이

재 료
송이버섯, 소금, 참기름

만드는 법
01 송이버섯은 깨끗이 다듬어 제모양을 살리면서 길이로 두께가 2mm가 되도록 썬다.
02 석쇠에서 타지 않게 재빨리 굽는다.
03 참기름에 고운 소금을 섞어 만든 기름소금을 곁들여서 찍어 먹는다.
※ POINT 마늘같이 냄새가 강한 양념은 송이 특유의 향을 감소시키므로 넣지 않는다.

느타리버섯구이

재 료
느타리버섯, 참기름, 간장, 깨소금, 고춧가루

만드는 법
01 느타리버섯은 물로 씻지 않고 깨끗한 행주로 닦아낸다.
02 1의 느타리버섯을 석쇠에 올려놓고 앞뒤로 살짝 굽는다.
03 참기름, 간장, 깨소금, 고춧가루를 넣어 2의 버섯을 무친 다음 다시 한 번 노릇하게 굽는다.
※ POINT 무치기 전에 굽는 것은 양념에 무칠 때 부스러지지 않고 닭고기 같은 쫄깃한 맛과 영양을 살리기 위함이니 반드시 먼저 구워야 된다.

느타리버섯탕

재 료
느타리버섯, 들깨즙, 밀가루, 감자가루, 소금, 식용유

만드는 법
01 느타리버섯은 깨끗이 씻어 알맞은 크기로 찢는다.

02 감자가루, 밀가루를 반반씩 섞어 물을 넣어 걸쭉하게 반죽한 다음 소금으로 간을 맞춘다.

03 느타리버섯에 튀김옷을 입혀 180℃로 끓는 기름에 튀겨낸다.

04 들깨즙을 끓여 소금으로 간을 맞춘다.

05 그릇에 튀긴 느타리버섯을 담고 들깨즙을 붓는데 튀김이 보일 정도로 붓는 것이 먹음직스럽다.

느타리버섯밥

재 료
느타리버섯, 풋고추, 멥쌀, 양념장(진간장, 깨소금, 참기름)

만드는 법
01 느타리버섯을 반으로 찢어 넣고 밥을 짓는다.

02 밥이 끓으면 풋고추 채 친 것을 넣고 뜸을 들인다.

03 밥을 섞어 푼 후 양념장을 곁들여 낸다.

엉개튀김

재 료
엉개잎, 녹말가루, 밀가루, 식용유

만드는 법

01 엉개잎을 손질하여 씻은 후 물기를 빼놓는다.

02 녹말가루와 밀가루를 같은 양으로 섞고 반죽하여 튀김옷을 만든다.

03 준비한 엉개잎에 튀김옷을 입혀 180℃ 고온에서 튀겨낸다.

애호박전

재료
호박, 밀가루, 소금, 식용유

만드는 법
01 호박은 깨끗이 씻어 2~3㎜ 두께로 얇게 썰어서 소금에 살짝 절였다가 날밀가루를 앞뒤로 가볍게 묻힌다.

02 남은 밀가루에 분량의 물을 부어 걸쭉하게 반죽한 후 호박에 얇게 씌워 기름 두른 팬에서 노릇하게 부친다.

애호박찜

재 료
애호박, 소금, 표고버섯, 진간장, 물엿, 깨소금, 후춧가루, 감자가루, 잣, 식용유

만드는 법
01 애호박은 길이로 2등분하여 껍질 쪽으로 비늘 모양이 되게 칼집을 넣은 후 엷은 소금물에 살짝 절인다.

02 표고버섯을 가늘게 채 쳐 팬에 기름을 두르고 볶다가 진간장, 깨소금, 후추가루, 물엿으로 양념해 호박의 칼집 사이사이에 끼워 넣는다.

03 찜통에 호박을 담고 감자가루와 잣을 솔솔 뿌려 찐다.

대적광전 앞에서 바라본 가야산의 자연. 통도사 · 송광사와 함께 3대 사찰로 꼽히는 이곳은 법보 사찰로도 유명하다.

합천
해인사

가지지짐

고수무침

상추불뚝전

산동백튀각

한해물김치

머위탕

고비회

느타리버섯튀김

표고버섯잡채

표고버섯밥

주목술

경부고속도로를 달리다 대구 부근에서 고속도로를 벗어나 '해인사' 표시가 된 길로 진입한다. 약 1시간 30분쯤 잘 포장된 길을 따라 달리다 보니 어느새 일주문이 눈앞에 다가든다.

해인사는 경남 합천군 가야면 치인리에 있어서 경상남도와 경상북도가 서로 잇대어 있는 지역에 위치하고 있다. 해인사를 품고 있는 가야산은 북으로는 성주와 고령, 남으로는 거창과 합천의 네 군 사이에 우뚝 솟아 경상도를 남북으로 가르고 있으며 또 충청, 경상, 전라의 세 도가 서로 경계를 이루는 대덕산을 그 서쪽에 두고 있다.

'가야'는 우리말로 가람〔江〕, 개〔浦口〕에서 비롯되었다고도 하고, 또 석가모니 부처님께서 수행을 하신 인도 부다가야의 가야산에서 그 이름을 따온 것이라고도 한다.

팔만대장경을 보관한 장경각의 안쪽에서 바라본 입구의 모습.
장경각은 대적광전의 비로자나불이 법보인 대장경을 머리에 이고 있는 것을 나타내는 형국이다.

한여름철 더위가 가뭄에 기갈든 속세와는 사뭇 다르게 가야산은 수려한 산세를 자랑하며 푸르름에 지쳐 있었다. 가야산 남녘에 신선의 세계인 만수동이 있다고 전해 오는 말이 맞는 성싶기도 하였다. 적송, 잣나무 같은 늘푸른 나무가 사방을 둘렀고 머지않아 가을이면 붉게 물들 활엽수들도 울창하게 늘어섰다.

해인사는 빼어난 명산 가야산에 똬리를 틀어 큰 바다에 배가 가고 있는 모양〔行舟形局〕이라 한다. 신라인으로 중국에서 명성을 떨쳤던 최치원이 그 지형을 찬탄하며 명산 가운데 명당이라 일컬은 것은 그러한 이유에서다.

그는 말년에 가야산에 들어와 은거했는데 대적광전 서쪽에 있는 학사대(學士臺)에서 시를 즐겨 짓고 가야금을 탔다고 전한다. 이런 산림에 묻혀 세상과 결별하고 신선의 삶을 이루려 한 최치원의 풍취가 천 년이 지난 지금에도 산을 두르고 있는 듯하다.

첩첩한 돌 사이 미친 듯 내뿜어
겹겹 봉우리 울리니
사람 말소리는 지척에서도
분간하기 어렵네.
항상 시비하는 소리
귀에 들림을 두려워해서
짐짓 흐르는 물을 시켜
온 산을 둘러싸네.
-「제가야산독서당(題伽倻山讀書堂)」중에서

신선이 되어 자취를 감추었다는 최치원에게 가야산은 세상을 등지고 자연에 묻히는 안식처가 되었을 것이다. 그리고 초근목피로 구차한 삶을 영위하였으리라. 이곳 해인사에는 최치원이 입에 풀칠을 했음직한 상추를 가지고 전을 부친 음식이 유명하다. 동이 오른 상추 줄기를 자근자근 짓쩌서 쓴 물을 빼고 고추장과 밀가루, 녹말가루를 넣어

해인사의 가람 배치는 큰 바다에 배가 가고 있는 모양(行舟形局)이라고 하는데 뒤에 보이는 탑이 돛에 해당하는 부분이다. 옛날에는 이곳에 바위가 있었으나 임진왜란 때 일본인들이 해인사의 기를 꺾기 위해 바위를 없애 근래 들어 이 탑을 지었다고 한다.

사시 공양에 맞춰 행자가 공양을 준비하고 있다. 준비가 끝나면 후원에서 간단하게 조양신께 올리는 예불이 행해진다.

전을 부쳐 먹는 '상추불뚝전'이 그것이다. 초간장에 찍어 먹는 그 맛을 신선이 된 이는 어떻게 느꼈었을까.

신선의 삶을 꿈꾼 최치원의 풍취가 깃든 산사의 깊은 멋

통도사, 송광사와 더불어 우리 나라의 3대 사찰로 꼽히는 이곳 해인사는 한국화엄종의 근본 도량이자 우리 민족의 믿음의 총화인 팔만대장경을 보관한 사찰이다. 해인사는 신라 시대에 그 도도한 화엄종의 정신적인 기반을 확충하고 선양한다는 기치 아래, 이른바 '화엄십찰(華嚴十刹)'의 하나로 세워진 가람으로, 신라 애장왕 때 순응(順應)과 이정(利貞)에 의해 창건되었다고 전해진다.

화엄종의 근본 경전인 〈화엄경〉은 4세기 무렵에 중앙아시아에서 성립된 대승 경전의 최고봉으로서, 원래 이름은 〈대방광불화엄경(大方廣佛華嚴經)〉이며 동양 문화의 정수라고 일컬어진다. 해인사라는 이름은 이 경전의 '해인삼매(海印三昧)'라는 구절에서 비롯되었다고 한다.

도서관인 경학당 옆에 놓인 장독대. 해인사의 규모를 짐작케 하는 이곳의 각 장독 마다에는 불기(佛紀)로 장을 담근 시기를 표시하고 있다.

 해인삼매는 있는 그대로의 세계를 한없이 깊고 넓은 큰 바다에 비유하여 거친 파도, 곧 중생의 번뇌 망상이 멈출 때 비로소 우주의 갖가지 참된 모습이 그대로 물〔海〕 속에 비치는〔印〕 경지를 말한 것이다.

 일주문과 천왕문을 지나 돌계단을 오르면 불이문(不二門)이라고도 하는 해탈문을 지나게 되고, 해인사의 한가운데에 구광루(九光樓)가 자리하고 있다.

 옛날에는 노전 스님을 비롯한 큰스님들만이 법당에 출입할 수 있다. 그래서 이 누각은 법당에 들어갈 수 없는 일반 대중들이 모여 예불하고 설법을 듣는 곳으로서 지었다 한다. 지금은 해인사의 사중 보물을 보관하는 보물 보관장으로 쓰이고 있었다. 옥으로 만들어진 진기한 꽃이며 청동으로 된 코끼리 향로와 오백나한도, 청동 요령 등이 소장되어 있어 지나는 이의 눈길을 멈추게 했다.

 해인사 범종루 옆에는 커다란 돌로 만든 '구시' 가 자리하고 있다. 그곳에서 한 해를 걸러 김치를 두었다 먹는 '한해물김치'가 탄생한다. 단풍이 온 산을 뒤덮는 가을날, 김치와 무를 절궈 두었다가 잘 씻은 다음 다시 소금을 친다.

해인사 식문화의 자취가 담긴 범종루 옆의 돌구시

그리고 다음해 여름, 노랗게 삭은 김치를 꺼내 점심에 먹을 것을 아침에 썰어 물에 담가두면 참맛이 우러난다. 또는 번거로움이 없진 않지만 해인사 계곡의 넓쩍한 반석에 구시를 파서 김치를 넣고 밀랍으로 봉해 두었다가 먹기도 한다. 자연이 빚어내는 그 맛은 싱그럽기 그지없다.

해인사에는 대부분의 절이 흔히 모시고 있는 석가모니불 대신에 〈화엄경〉의 주불인 비로자나불이 모셔져 있다. 그래서 법당의 이름도 대웅전이 아니라 대적광전(大寂光殿)이다. '비로자나'는 산스크리트어인 '바이로차나(Vairocana)'에서 온 말로서 영원한 법, 곧 진리를 상징한다. 그러므로 비로자나불을 모신 대적광전은 부처님의 진리의 몸이 〈화엄경〉을 언제나 두루 설하는 대적광토(大寂光土)의 역할을 하고 있다.

어느덧 대적광전 위에 있는 장경각을 배회하고 있었다. 장경각은 대장경을 모신 건물로, 대적광전의 비로자나불이 법보(法寶)인 대장경을 머리에 이고 있는 것을 나타내고 있는 형국이다.

범종루 옆의 돌구시. 옛날에는 김장 때면 이곳에서 배추를 씻고 절궈 김장을 준비했다고 한다.

해인사가 창건 이래 수많은 화재를 겪었음에도 장경각만이 온전히 실존되었음은 다행스러우면서도 신비스러운 일이기까지 하다.

고려대장경, 곧 팔만대장경이라고도 불리는 무상법보(無上法寶)를 모시고 있는 까닭에 해인사를 '법보종찰'이라 이르기도 한다. 그것은 대장경의 장경 판수가 8만여 장에 이르는 데에서 비롯되었을 터이지만, 한편으로는 불교에서 아주 많은 것을 가리킬 때 '팔만사천'이라는 숫자를 쓰는 용례대로 가없는 부처님의 가르침을 팔만사천 법문이라고 하는 데에서 비롯한 듯하다.

몽고군의 침입을 불력(佛力)으로 물리치고자 하는 염원에서 한 자 한 자 판각한 대장경은 세계문화사에서 한국 문화의 우수성을 과시하는 문화유산이기에 더욱 자랑스럽기만 하다.

사시 공양에 이뤄지는 1백 20여 스님의 정통 발우공양

어둠이 몰려들고 있었다. 새 소리며 물 소리, 범종 소리, 목탁 소리가 사방을 감싸기 시작했다. 노독에 지친 이에게 가야의 정취는 안온함을 전해주고 있었다. 새벽녘부터 부산스레 일어나 경내 여기저기를 거닐었다. 간밤에 달무리가 지더니 하늘에는 비가 올 듯이 희뿌연 구름더미가 가득하다.

사시 공양 때가 되어 후원 옆의 큰 방에 모인 1백 20여 명 스님들이 한데 모여 발우공양하는 모습은 여느 절에서 쉽게 찾아보기 힘들기에 더욱 경건하기만 하다. 발우공양의 격식은 다음과 같다.

해인사의 스님들이 한데 모여 발우공양을 하는 방에 보관된 발우들. 격식을 갖추되 무탐(無貪)하고 정갈한 공양의 미덕이 느껴지는 듯하다.

밥, 국, 찬, 청수가 담긴 발우의 모습. 골고루 적당량을 던 뒤 한 톨의 밥도 남김없이 깨끗이 먹는 것이 발우공양의 철칙이다.

각자 손을 씻은 후 발우를 들고 자기 위치에 앉는다. 발우는 한 뼘 정도 앞 중앙에 놓은 후, 허리를 펴고 자세를 바로 하고 조용히 기다린다. 각 조의 맨 끝에 앉은 사람들이 후원에 가서 청수 주전자, 밥통, 국통, 찬상을 가지고 와서 가장 웃어른 앞에서부터 순서대로 놓는다. 그런 다음 죽비 3성에 반배를 하고 회발게와 전발게를 독송한 다음 발우를 편다. 십념을 독송한다. 지정된 사람이 차례로 일어나 청수물, 밥, 국 순으로 배분한다. 밥을 푼 사람은 찬을 덜고, 돌아가며 식사량을 조절한다. 이때 각자는 적당량을 조절하는데, 적당한 사람은 합장으로 표시한다.

찬상을 돌린다. 찬을 덜 때는 자신이 좋아한다고 한 가지만 많이 덜면 안 된다. 모든 것이 전체에게 배분되어야 하기 때문이다.

그 다음으로 죽비 1성에 발우를 들고 봉반게를 독송한다. 이 때 상공에 발우를 들었다 내려놓고, 합장한 후 계속 오관게를 독송한다.

헌식기가 오면 밥그릇에서 밥알을 서너알 덜어 헌식기에 담아 옆사람에게 넘긴다. 맨 끝의 사람이 헌식기를 방 가운데 가져다 두고, 생반게, 정식게, 삼시게를 독송한다. 마침내 발우를 들고 자세를 바로 하여 천천히 공양을 한다.

대적광전에서 사시 공양 예불을 마치고 나오는 스님의 행렬.

경학원 옆에 위치한 당우는 스님들이 공부하는 장소로 쓰인다. 댓돌 위에 정갈하게 놓인 고무신에서도 흐트러짐이 없는 불심이 느껴지는 듯하다.

시간이 지나면 숭늉을 받는다. 공양이 끝나면 숭늉을 나누어 가면서 김치 등을 사용하여서 그릇을 모두 깨끗이 씻고, 그 물은 모두 마신다.

찬상을 물리면서 청수통을 준비하고, 그릇을 수건으로 닦아 잘 포갠다. 정해진 사람은 일어나 청수통을 두 사람 사이에 두고 합장한 채 서있고, 각자는 한 발우에 담긴 물을 통에 붓는다.

웃어른에게 검사받고 청수통을 밖으로 내간다. 처음의 상태로 발우가 되어 있는지 확인하고 걸레로 앞을 깨끗이 닦는다.

극락에 도달하기 위해 건너야 한다는 '외나무 다리'의 풍치

아침상에는 고수무침과 머위탕, 그리고 가지지짐이 올라왔다. 고수나물은 향이 짙고 독특하여 스님들이 좋아한다. 참기름과 간장을 넣어 생으로 무쳐먹는 것이 고수무침이다. 간단히 만들어 먹는 고수무침과는 달리 머위탕은 걸죽한 음식이다.

머위 줄기를 잘 삶아 메밀가루와 들깨가루를 풀어넣은 이 음식은 아침상을 풍요롭게 한다. 가지지짐은 흔히 해먹는 가지나물과는 조금 다른 것이다. 가지를 가운데로 잘라 펴서 기름에 지진 다음 표고버섯과 청홍고추로 수를 놓아 먹는다. 까만 표고와 붉고 푸른 고추로 고명을 한 사치스런 음식이다.

풍성한 반찬으로 아침을 들고 난 뒤 바깥으로 나섰다. 바람이 스산하게 불어대고 있었다. 나무들은 잔잔했던 잎을 팔랑이며 휘청거리기 시작한다. 또다시 하루를 맞이하는 해인사 당우들의 당당함에 탄성을 올리고 있던 터에 언뜻 빗방울이 얼굴에 부딪히는 것을 느꼈다.

기갈든 땅에 촉촉히 내리기 시작한 비는 금세 후드득 소리를 내며 산야를 적시기 시작했다. 어제 올라오며 보았던 홍류동 계곡의 바싹 마른 수풀들도 이 비를 맞고 있으리라. 또한 뿌리를 뻗쳐 물기를 들이키며 거세지는 물살을 버티고 있으리라.

빗줄기 사이에 사명대사가 입적한 곳으로 유명한 홍제암이 서편 멀리에 자리하고 있고, 가까이의 금선암을 비롯한 삼선암, 지족암, 희랑대, 백련암 등 많은 산내 암자들도 고승들의 수행과 주석을 고스란히 지켜보며 이 비를 맞고 서 있었다.

그리고 저 멀리 생강나무라고도 하는 산동백나무가 짙은 초록빛을 발하고 있다. 옛 여인들이 산동백기름을 가지고 머리에 곱게 바르며 정성스럽게 몸단장을 하는 모습이 언뜻 떠올랐다.

이곳에선 이 산동백의 잎사귀를 이용하여 산동백튀각을 만들어 먹는다고 한다. 여름철 잎사귀를 따서 살짝 찌고, 잎 뒷면에 찹쌀풀을 발라 햇빛에 바싹 말려두었다가 튀긴 음식이다.

들뜬 마음에 가람 밖으로 걸음을 옮기니 외나무다리 밑에도 물이 불어나 제법 속도를 내며 흐르고 있었다. 세찬 물줄기는 거무스레한 바위를 때리고, 등걸이 굽은 나무들이 웅웅 울어대고 있다. 비가 오는 기쁨에 자연은 어느 새 살아나고 있는 것이었다.

이 외나무다리는 정확히는 알 수 없으나 조선 시대 숭유억불 정책이 불교를 억압하던 때에 만들어졌다 한다. 양반들이 더러 법당 앞까지 말을 타고 오는 등 행패가 심하여, 말이나 소가 건널 수 없는 외나무다리를 만들었다는 것이다. 이유야 어쨌거나 맑은 물이 흐르는 계곡 위에 놓인 외나무다리는 그 풍치만으로도 아름다웠다. 또한 언제부터인지 이 다리를 건너야 극락에 간다는 속설이 있어 그 영묘함이 더하게 느껴진다. 추녀 밑에서 온 산을 훑고 있는 반가운 비를 바라보고 앉아 있으니 빗소리로 가득한 산사에 푸른 기운이 흘러 넘친다.

가지지짐

여름철 식탁에서 입맛을 돋우는 자극제인 가지는 신사임당의 그림 소재가 될 만큼 친근한 것으로, 신라 시대부터 재배한 것으로 전한다.

수분이 대부분이고 단백질, 탄수화물, 칼슘, 인 등과 비타민 A, C가 들어 있는 가지는 영양가는 그다지 많은 편이 아니지만 식중독을 예방해주며, 입속의 점막이나 혓바닥이 헐었을 때 가지 꼭지를 까맣게 태워 가루를 내어 바르면 깨끗해진다고 전해진다.

한여름엔 삶아서 쭉쭉 찢어 풋고추, 숙주나물과 함께 무쳐먹기도 하고, 기름에 볶기도 한다.

재 료
가지 4개, 풋고추·붉은고추 1개씩, 진간장 2큰술, 후춧가루 1/3작은술, 통깨 1작은술, 식물성 기름

만드는 법
01 가지는 깨끗이 씻어 꼭지를 떼고 5cm 길이로 썬 다음 반을 잘라 다시 길이로 나박나박하게 썬다.

02 풋고추, 붉은고추도 꼭지를 떼고 반으로 잘라 씨를 뺀 후 각각 곱게 채썬다..

03 팬에 기름을 넉넉히 두르고 뜨거워지면 준비한 가지를 넣어 볶다가 고추채와 적량의 양념을 넣고 잠깐 볶는다. . .

고수무침

지중해 동쪽이 원산지인 일년초로서 절에서 많이 심는다. 고려 때에 들어온 것으로 짐작되는 고수는 냄새가 특이하여 정진 음식의 대표적인 품목으로 꼽히며, 어류와 육류에 섞으면 특히 좋다. 열매는 양념, 첨향, 조미용으로 광범위하게 쓰이고 빵과 과자류에도 이용되며, 술의 향기를 높이는 데에도 쓰인다. 또한 열매의 향유는 화장품에도 쓰이고 약용으로도 이용된다.

옛 책에 나와 있는 고수풀의 약성을 살펴보면 기침을 멎게 하고 입냄새를 없애며 상처를 치료하는데 쓰인다. 또 "고수풀 뿌리와 잎은 기미가 맵고 성질은 따뜻하다. 생채로 먹거나 김치를 담가 먹는다. 오장을 편하게 하여 소화를 잘 되게 하며 빈혈을 고치고 대소장을 이롭게 하여 배의 기를 통하게 하고 사지의 열을 없애며 두통을 치료한다.

씨는 벌레, 독, 치질, 고기 중독, 토혈, 하혈 등에 즙을 끓여 차게 먹는다. 또 기름을 짜서 달여 어린이의 두창에 바르면 효과가 있다. 많이 먹으면 건망증이 생긴다"고 적혀 있다. 고수풀은 전립선염에 효험이 있는 것으로 알려져 있다. 곧 고수풀과 더덕을 1:1의 비율로 하여 진하게 달여서 마시면 여간해서 잘 낫지 않는 전립선염이 완화되거나 낫는다. 3개월 넘게 꾸준히 복용하면 대부분 효과를 본다.

재료
고수, 통깨, 진간장, 참기름

만드는 법
01 싱싱한 고수를 깨끗이 씻어 5cm 길이로 썬 후 간장, 통깨, 참기름 등으로 골고루 무쳐서 고수의 독특한 향을 음미하며 먹는다.

상추불뚝전

상추는 맛이 아주 좋다는 의미로 '천금채(千金菜)'라고도 불리며 오래 전부터 재배되어 온 것으로 알려지고 있다. 다른 채소에 비해 비타민 C는 적은 편이지만 당류는 많다. 쌈으로 먹는 외에 겉절이, 물김치, 불뚝전 등을 해먹을 수 있다.

재 료
상추, 밀가루 1컵, 고추장 1/2큰술, 된장 2작은술, 식용유

만드는 법
01 상추를 밑동부터 껍질을 벗겨 칼등으로 두드린 다음 씻어 쓴물을 뺀다.

02 밀가루에 물 1컵과 고추장, 된장을 넣어 약간 걸쭉하게 반죽한다

03 팬에 기름을 두르고 뜨거워지면 손질한 상추불뚝을 위아래가 엇갈리게 4~5개 놓고 밀가루 반죽을 얇게 끼얹어 어느 정도 익으면 뒤집어서 약간 더 지진다.

04 초간장을 곁들여 먹는다

절의 한켠을 차지한 채마밭의 전경. 웬만한 야채는 이곳에서 길러 자급하고 있다. 무공해 지역의 산사에서 만나는 야채 맛은 더욱더 싱그러울 수밖에 없다.

산동백튀각

끝이 세 부분으로 갈라지지만 하트형의 잎모양을 가진 산동백나무는 3~4월에 잎보다 먼저 황색꽃이 피고, 9월에 까만 열매를 맺는다. 나무껍질을 황에피, 열매를 산호숙이라 하여 약용으로 쓰며, 전국으로 분포하고 특히 숲속의 그늘이나 돌밭에서 잘 자란다. 해열, 신경통에 효능이 있으며 종기를 없애는 데도 좋다.

재 료
산동백잎, 찹쌀풀, 소금, 식용유

만드는 법
01 산동백잎은 7월이 제일 좋을 때다. 이 시기에 딴 잎을 살짝 찐 다음 찹쌀풀을 잎에 발라 햇볕에 바싹 말린다.

02 습기 없는 곳에 보관했다가 먹을 때 180℃의 끓는 기름에 튀겨낸다.

03 찹쌀풀을 쑬 때는 찹쌀을 한두 시간쯤 불렸다 가루를 내어 가루 1컵에 물 2컵을 붓고 주걱으로 눋지 않게 잘 저어가며 쑨다. 농도는 약간 되직한 것이 좋다.

한해 물김치

배추에는 비타민 C가 유난히 많아 비타민이 결핍되기 쉬운 겨울철 영양 공급원으로 한몫을 한다. 뿐만 아니라 양질의 아미노산이 들어 있어 소화를 돕고 내장의 열을 내리며, 술 마신 뒤의 갈증도 풀어준다.

무는 삼국 시대부터 재배된 것으로 배추, 고추와 더불어 3대 채소 중 하나이다. 무는 뿌리보다 잎에 영양가가 더 많고 그 껍질에는 무 속의 2배 가량되는 비타민 C가 들어있으므로 껍질을 벗기지 말고 깨끗이 씻어 먹는 것이 좋다.

재료
무, 배추, 소금

만드는 법

01 작년 가을에 무와 배추를 소금에 간했다가 전년 가을에 항아리에 넣어서 밀봉해 한 해를 묵힌 다음, 다음해 여름에 다시 꺼내어 먹는다.

02 무와 배추를 나박나박하게 썰어서 먹기 한두 시간 전에 찬물에 담갔다가 적당하게 간이 배어나면 담백한 맛으로 먹는다.

머위탕

산록의 그늘진 습지에서 잘 자라고 굵은 땅속 줄기가 옆으로 뻗으며 그 끝에서 잎이 나는 머위는 이른 봄의 꽃봉오리, 즉 꽃줄기와 초여름부터 가을까지의 잎자루, 대게 머위의 줄기라고 부르는 부분을 먹는다.

줄기는 데쳐서 껍질을 벗겨 무쳐먹고, 잎도 우려 나물로 하거나 볶아 먹기도 한다. 갓 자라나는 꽃은 날 것을 덩어리째 된장 속에 박거나 또한 튀김으로 하면 독특한 풍미를 즐길 수 있다. 뿌리 부분은 약재로도 쓰이는데 거담, 진해, 해독에 효능이 있고, 인후염, 편도선염, 기관지염, 기침 등에도 효과가 있다.

재 료
머위대 300g, 모밀가루 2작은술, 통깨 2큰술, 참기름 1 큰술, 소금 1큰술, 들깨 2작은술

만드는 법
01 머위대는 통통하면서 시들지 않고 빳빳한 것으로 골라 삶은 후 껍질을 벗기고 4cm 길이로 썬다.

02 머위대에 통깨를 넣고 으깨지게 무치면서 소금, 참기름 등으로 간을 한 다음 걸쭉하게 끓여낸다.

고비회

산나물이 새싹을 틔우는 봄철, 잎이 부드럽고 대가 순할 뿐만 아니라 특유의 향까지 풍겨 먹기에 가장 좋은 때다. 특히 봄비가 내리고 난 뒤 새순을 낼 때 영양이 가장 풍부하다. 그 때문에 고사리는 '산에서 나는 쇠고기'로 불리기도 한다. 조상들이 즐기던 산나물 가운데 가장 친근감이 드는 것 중의 하나이기도 하다. 흥미로운 것은 한민족이 지구촌에서 고사리를 먹는 유일한 민족이라는 것이다.

재 료
고사리, 소금, 초고추장, 잣

만드는 법
01 고비는 잎 주변의 솜털을 떼고 씻어 끓는 소금물에 데친 다음 찬물에 헹군다.
02 헹군 고비를 다시 소금물에 씻어 찬물에 담갔다가 건진다.
03 잣을 곱게 빻아 초고추장에 넣고 잘 저어 소스를 만든다.
04 접시에 고비를 정갈하게 담고 옆에 소스를 곁들여 찍어 먹는다.

느타리버섯튀김

재 료
느타리버섯, 녹말가루, 밀가루, 소금, 식용유

만드는 법
01 녹말가루와 밀가루를 반반씩 섞어 물로 걸쭉하게 반죽하여 소금을 넣고 간을 맞춘다.
02 느타리버섯을 깨끗이 손질해 씻어 물기를 없앤 후 알맞은 크기로 찢는다.
03 느타리버섯에 튀김옷을 입혀 180℃로 끓는 기름에 튀겨 낸다.

※ POINT 먹을 때 진간장에 찍어 먹는다.

표고버섯잡채

재 료
표고버섯, 당면, 색상이 다른 산나물, 참기름, 물엿, 통깨, 실고추, 진간장, 후추, 식용유

만드는 법
01 말린 표고버섯을 물에 불려 채썰고 당면은 찬물에 담갔다가 씻어 놓는다.

02 색을 맞추어 준비한 산나물은 각각 따로 볶아 놓는다.

03 표고버섯을 진간장, 물엿, 통깨, 후추를 넣고 볶는다.

04 마른 프라이팬에 기름을 두르고 당면을 볶다가 2의 산나물과 3의 표고버섯을 함께 넣고 간을 맞춘 후 참기름을 넣어 무쳐 낸다. 마지막으로 실고추를 살짝 얹는다.

표고버섯밥

재료
표고버섯, 멥쌀, 야채, 산나물(제철에 나오는 나물류), 들깨즙, 소금

만드는 법
01 말린 표고버섯을 물에 불린다.

02 소금간을 한 들깨즙을 넣고 밥물을 잡아 불린 표고버섯을 넣고 밥을 짓는다.

03 뜸들기 바로 전에 나물을 넣고 뜸을 들인다.

04 밥이 다 되면 섞어서 푼다.

※ POINT 야채나 나물은 뜸들일때 넣어야 색깔도 예쁘고 짓무르지 않는다.

주목술

주목은 예로부터 장수목의 상징이며 고산식물로서 강원도에서 주로 자생하는 식물이다. 무화과로 4월에 개화해서 가을이면 앵두만한 크기의 빨간색 열매가 열리는데 술에 담궈 먹으면 몸에 좋다. 주목은 주목과의 상록교목으로서 대개 정원수로 심으며 식용, 공업용, 관상용, 약용으로 쓰이고 민간과 한방에서는 잎, 열매, 나무껍질 등을 마취, 통경, 이뇨 등에 약재로 쓴다. 당뇨병에 주목의 나무껍질을 벗긴 것을 3홉의 물에 달여서 차 대용으로 마시면 효과가 있다.

재 료
주목, 소주

만드는 법
01 주목은 깨끗이 씻어서 물기를 말려 놓는다.

02 빈 항아리나 유리병에 주목을 넣고 소주를 가득 부어 밀봉시킨다.

가지냉국

재 료
가지, 붉은고추, 풋고추, 간장, 식초

만드는 법
01 2등분하여 쪄낸 가지를 먹기 좋게 찢어 놓는다.

02 붉은고추와 풋고추를 곱게 채 쳐 간장, 식초를 넣고 시원한 냉국을 만든다.

가지볶음

재 료
가지, 풋고추, 붉은고추, 진간장,
후춧가루, 통깨, 식용유

만드는 법
01 가지는 깨끗이 씻어 꼭지를 떼고 5cm 길이로 썬 다음 반을 잘라 다시 길이로 나박나박하게 썬다.

02 풋고추, 붉은고추도 꼭지를 떼고 반으로 갈라 씨를 뺀 후 각각 곱게 채썬다.

03 팬에 기름을 넉넉히 두르고 뜨거워지면 준비한 가지를 넣어 볶다가 고추채와 진간장, 후춧가루, 통깨를 넣고 잠깐 볶는다.

※ **POINT**   가을에 거둔 가지는 단맛이 더해져서 가지 요리를 더욱 맛있게 해 준다.

가지장아찌

재 료
가지, 참기름, 깨소금, 고춧가루, 소금

만드는 법
01 가지는 끓는 소금물에 통째로 살짝 데친다.
02 단지에 진한 소금을 부어 데친 가지를 담아 돌이나 나뭇가지로 눌러 소금물에 잠기도록 해서 익힌다.
03 보름 내지 한 달쯤 후 꺼내서 반달 썰기, 채 썰기, 골패 썰기 등 원하는 모양으로 썰어 꼭 짠 다음 참기름, 깨소금, 고춧가루를 넣고 고루 무친다.

가지우거리볶음

재 료
말린 가지, 소금, 후춧가루, 들기름

만드는 법
01 잘 말린 가지를 하루쯤 따뜻한 물에 담가 불린 후 살짝 삶아 먹기 좋은 크기로 찢는다.
02 팬에 들기름을 두르고 뜨거워지면 가지를 볶다가 소금, 후춧가루로 양념한다. 물엿을 넣어도 좋다.

상추불뚝김치

재료
상추불뚝쫑, 찹쌀풀, 통깨, 감초물, 생강, 소금, 붉은고추, 풋고추

만드는 법
01 쫑오른 상추를 밑동부터 껍질을 벗기고 칼등이나 방망이로 자근자근 두드려 씻어 쓴맛은 빼낸다.

02 찹쌀풀에 통깨, 감초물, 생강 다진 것, 청홍 고추채와 소금을 넣고 다듬어 놓은 상추와 함께 버무린다.

※ POINT 3일 정도 익혀 먹으면 다른 김치에서 맛볼 수 없는 독특한 맛이 나며, 즉석에서 먹어도 상큼한 상추의 맛을 즐길 수 있다.
상추로 김치를 담글 때는 썰지 말고 통째로 담는 것이 좋다.

머위두부무침

재 료
머위대, 두부, 통깨, 소금, 참기름

만드는 법

01 머위대는 통통하고 빳빳한 것으로 골라 삶은 후 껍질을 벗기고 4cm 길이로 자른다.

02 두부는 칼등으로 으깨 물기를 뺀다.

03 통깨를 분쇄기에 간다.

04 그릇에 머위대를 담고, 으깬 두부와 깨소금으로 간을 해서 무친다. 마지막에 참기름을 넣는다.

고구마순나물

재료
고구마순, 된장, 고추장, 들기름, 통깨, 붉은고추

만드는 법
01 고구마순은 마르지 않고 통통한 것으로 골라 잎 쪽을 꺾어 내리면서 껍질을 벗긴 후 끓는 물에 삶고 찬물에 헹궈 물기를 꼭 짠다.

02 물기 짠 고구마순은 5cm 길이로 잘라 된장, 고추장을 넣고 고루 무친다.

03 팬에 들기름을 두르고 뜨거워지면 양념한 고구마순을 넣고 볶다가 붉은 고추 채 썬 것을 넣고 한번 둘러 볶은 후 통깨를 뿌린다.

※ **POINT** 밭에 있는 싱싱한 잎을 따다 깨끗이 씻어 접시 한 귀퉁이에 깔고 음식을 담아내는 것도 식욕을 돋우는 한 방법이다.

고사리탕

재 료
고사리, 들깨, 붉은고추, 두부, 소금

만드는 법
01 마른 고사리를 깨끗이 다듬어 뜨거운 물에 푹 불려 긴 것은 10cm 정도로 잘라둔다.
02 들깨는 맷돌이나 믹서로 갈아서 즙을 낸다.
03 두부는 약 3~5cm 정도의 사각으로 썰어놓고 붉은고추와 파는 어슷썰기로 썰어놓는다.
04 들깨즙은 소금으로 간한다.
05 먼저 들깨즙을 끓인다.
06 들깨즙에 고사리를 넣어서 끓인 다음 두부, 붉은고추를 넣는다.

느타리버섯구이

재 료
느타리버섯, 참기름, 간장, 고춧가루, 깨소금

만드는 법
01 느타리버섯은 물로 씻지 않고 깨끗한 행주로 닦아낸다.
02 1의 느타리버섯을 석쇠에 올려놓고 앞뒤로 살짝 굽는다.
03 참기름, 간장, 깨소금, 고춧가루를 넣어 2의 버섯을 무친 다음 다시 한번 노릇하게 굽는다.

※ POINT 무치기 전에 굽는 것은 양념에 무칠 때 부스러지지 않고 닭고기 같은 쫄깃한 맛과 영양을 살리기 위함이니 반드시 먼저 구워야 된다.

생표고버섯장아찌

재료
생표고버섯, 간장, 생강, 감초

만드는 법
01 생표고버섯은 기둥을 떼고 젖은 수건으로 깨끗이 닦은 후에 그릇에 담아둔다.
02 간장의 배 정도 물을 붓고 생강, 감초를 넣어서 푹 끓인 다음 식혀서 표고버섯이 뜨지 않게 간장을 부어 깨끗한 돌로 눌러놓는다.
03 5일 후에 다시 간장을 따라서 간장에 1/3 정도 물을 붓고, 물을 부은 양 정도의 간장이 줄 때까지 졸인다.
04 식힌 후 붓는 것을 세 번 반복한다.
* **POINT** 먹을 때 꺼내서 참기름, 깨소금을 넣고 무쳐서 먹거나 그냥 장아찌째로 먹어도 표고버섯의 향을 느낄 수 있다.

표고버섯구이

재료
말린 표고버섯, 양념장(진간장, 참기름, 통깨), 식용유

만드는 법
01 말린 표고버섯을 미지근한 물에 불려 기둥을 떼고 끓는 물에 살짝 데쳐 물기를 꼭 짠다.
02 양념장을 넣고 버무려 30분 정도 재운다.
03 기름을 둘러 달군 팬에 표고버섯을 앞뒤로 노릇노릇하게 굽는다. 석쇠에 구우면 맛이 더욱 담백하다.

표고버섯튀김

재 료
표고버섯, 녹말가루, 밀가루, 깨소금, 후춧가루, 소금, 식용유

만드는 법
01 날 표고버섯은 깨끗이 씻고, 말린 표고는 미지근한 물에 담가 불린다.

02 녹말가루와 밀가루를 반반씩 섞어 물을 넣어 걸쭉하게 반죽한 다음 후춧가루, 소금으로 간을 맞춰 튀김옷을 만든다.

03 날 표고는 가볍게 적시듯이 튀김옷을 입히고, 말린 표고는 녹말가루, 밀가루, 깨소금, 후춧가루를 넣고 물을 조금만 부어 바락바락 주무르듯이 튀김옷을 입힌다. 이런 식으로 튀김옷을 입히면 표고에 간이 잘 밴다.

04 튀김옷을 입힌 버섯을 180℃로 끓는 기름에 넣고 튀긴다.

두릅튀김

재 료
두릅, 녹말가루, 밀가루, 소금, 식용유

만드는 법

01 두릅의 연하고 어린 싹을 깨끗이 씻어 물기를 뺀 후 두꺼운 것은 골고루 튀겨지도록 아랫부분에 칼집을 넣는다.

02 녹말가루와 밀가루를 각각 같은 분량으로 섞고 소금으로 간을 해서 물을 붓고 걸쭉하게 반죽한다.

03 튀김기름이 170~180℃로 끓을 때 물기를 뺀 두릅에 튀김옷을 고루 입혀 한 개씩 넣어 보기 좋게 바싹 튀긴다.

※ **POINT** 튀김옷을 만들 때 소금간을 하지 않고 그냥 반죽하여 튀긴 다음 먹을 때 초간장에 찍어 먹어도 맛이 좋다.

싸리버섯볶음

재 료
싸리버섯, 애호박, 진간장, 깨소금, 식용유

만드는 법

01 싸리버섯은 삶아 결대로 쭉쭉 찢어서 미지근한 물에 2시간 정도 담가 아린 맛을 뺀다.

02 애호박은 반달모양으로 썰어 기름 두른 팬에 볶는다.

03 팬에 기름을 두르고 뜨거워지면 아린 맛을 뺀 싸리버섯을 넣고 볶다가 볶아놓은 호박을 넣어 다시 볶으면서 진간장, 깨소금으로 양념한다.

※ **POINT** 애호박 대신 쇠고기와 미나리를 곁들여 볶아도 색다른 맛을 즐길 수 있다.

식용버섯과 독버섯의 구별법

식용버섯과 독버섯은 육안으로 구분하기가 쉽지 않다. 우선 눈으로 볼 때 빛깔이 화려하고 선명하며 예쁘게 생긴 것은 독버섯일 경우가 많다. 버섯 안쪽의 주름도 식용버섯은 흰빛이지만 독버섯은 분홍에 가깝다. 또 독버섯은 불쾌한 냄새가 나고 찢어보았을 때 세로로 찢어지지 않고 잘게 부서진다.

식용버섯은 대체적으로 우산 모양으로 생겼지만 독버섯은 깔때기 모양으로 생긴 것도 있다. 독버섯은 만져보면 약간 끈끈하고 따고 나서 시간이 지나면 쉽게 색이 변한다. 가장 정확한 것은 은수저로 찔러보면 된다. 은의 색이 변하면 독버섯이기 때문이다. 여기에 실린 사진들은 모두 독버섯이다.

 말린 느타리버섯
 말린 미역취
 말린 토란
 고비
 다래순

113

544년 인도 스님인 연기조사에 의해 창건된 화엄사. 곳곳에서 1천 5백여 년에 걸친 역사의 숨결과 세월의 흔적을 느낄 수 있다.

구례
화엄사

상수리잎 쌈밥

죽순채볶음

아카시아꽃튀김

두릅전

취나물쌈밥

참죽전

참나물무침

산수유술

오미자술

삼신산(三神山)의 하나로 불리는 지리산은 백두산의 커다란 줄기가 여기 남해에까지 이르렀다 하여 '두류산(頭流山)'이라고도 불리고 있다.

기암(奇岩)과 벽송(碧松)이 만들어내는 일대 장관은 계절마다 절경을 그려내고, 어느 때든 산을 찾는 이들에게 땅의 질서를 넌지시 건네고 있다. 온 산이 모두 사람 살기에 적합할 뿐만 아니라 온난한 기운이 남해의 이 영산을 감싸고 있으며 대나무〔竹〕가 많고 유실수도 무성하여 '부산(富山)'으로 칭하기도 한다.

노고단 반대편 푸른 숲길을 가면 뱀사골이 있으리라. 나는 언뜻 한 시인을 생각하고 있었다. 지난해 실족사로 윤회의 길에 들었을 한 여류 시인이 자주 찾았다는 그 뱀사골에는 아직도 찬란한 햇살을 받으며 곰취나물이며 개취나물, 떡취나물, 참취나물들이 풍성하게 피어나 있으리라.

언제 사람의 손길이 닿았는지 노고단까지 가는 길은 포장이 되어 있었다. 그리고 길에서 사진을 찍는 사람들이 있었다. 산짐승들이 박제가 되어 산을 찾은 이들의 사진 속 배경이 되고 있었다.

두 개의 태극 형상으로 자리잡은 가람 배치의 의미

허위허위 산길을 올라 지리산에 꽃피운 화엄(華嚴)의 연화장 세계로 발걸음을 재촉했다. 화엄사는 화엄의 대도량이며 선교 양종(禪敎兩宗)의 총본산으로서, 신라 진흥왕 5년(544)에 인도 스님 연기조사(緣起祖師)께서 비구니가 된 어머니를 모시고 지리산에 들어오면서 시작된 인도적 화엄사상의 근본 도량이라 한다. '천하의 무애인(無碍人)' 원효 스님의 사상과 사리 석탑에 담긴 '효(孝)' 사상도 다 여기에 있지 않은가.

길 저 앞으로 화엄사가 나타난다. 지리산 대화엄사, 해동선교대가람(海東禪敎大伽藍)의 산문(山門) 입구를 지나서 발걸음을 더하면 양지 바른 길가에는 지난날 화엄사의 위풍을 자랑삼듯 고승들의 부도가 즐비하게 늘어서 있다.

국보 67호로 지정된 각황전은 처음에는 '장육전'이라 불렸는데, 지리산의 굳센 맥을 누그러 뜨리려고 세운 것이라고 한다. 각황전의 바로 앞에는 국보 제12호로 지정된 국내 최대의 석등이 자리잡고 있다.

각황전 앞에 서 있는 팔작장고형의 웅건한 석등은 서기 670년에 의상대사가 건립, 등의 높이는 국내 최대인 6.36m이다.

이 부도들을 따라 한참을 오르다 보면 드디어 「불이문(不二門)」이라 쓰인 편액이 눈에 들어온다. 불이(不二)란 상대 차별을 없애고 절대 차별이 없는 이치를 나타내는 것이며 모든 성인이 이 법에 의하여 진리에 들어갔으므로 문(門)이라 하는 것이다. 불이문을 지나자마자 바로 금강문(金鋼門)에 닿는다. 좌우에는 허리에만 옷을 걸친 채 용맹스러운 모습으로 불국 세계를 지키려는 금강역사들이 가난한 마음을 가진 길손을 나무라는 듯 내려보고 있다.

송구한 마음을 묻어두고 화엄사의 본령에 들어선다. 화엄사의 가람 배치는 일직선으로 늘어서 있는 여느 사찰들과는 사뭇 다른 모습을 하고 있다. 불이문, 금강문, 천왕문이 하나의 태극형상을 이루고 있고, 보제루, 운고각으로부터 대웅전에 이르기까지 또 하나의 태극 형상을 이루고 있다.

하나의 태극은, 속세의 사물과 번뇌에 얽매어 헤어나지 못하고 있는 세간법(世間法)을 비유하고, 또 하나의 태극은 세간을 뛰어넘는 부처님의 열반법을 말하는 출세간(出

대웅전 내부의 법(法), 보(報), 화(化) 삼존불은 조선 중기 불상의 양식을 나타내는 목불좌상이다. 특히 중앙의 불상은 왼손을 오른손으로 감싸고 있는데, 오른손은 불계, 왼손은 중생계를 나타내므로 이는 중생과 부처가 둘이 아니며, 번뇌와 깨달음이 일체임을 나타낸다고 한다.

世間)의 세계를 비유하는 것이다. 그러고 보니 초라한 길손이 서 있는 이곳이 곧 세간과 출세간이 넘나드는 자리요, 속세와 열반의 갈림길이 아닌가.

여기에 내가 들고 보니 이국의 땅에 날아와 화엄사상을 설한 연기존자(緣起尊者)의 차(茶) 공양을 이야기하지 않을 수가 없다. 그 내력은 삼국시대로 거슬러 올라간다.

지리산에 봄이 무르익어 갈 무렵, 농부들은 밭갈고 씨뿌리기가 한창이던 때 이 동네의 한 노인이 지리산 중턱 골짜기에 이상한 연기가 피어 오르는 것을 보게 되었다. 노인은 마을 사람들과 함께 골짜기에 올라가 한 움막을 발견하고, 그 속에서 낭랑하게 울리는 독경 소리를 듣게 되었다.

머리를 깎고 가사를 걸친 한 사문은 이국인의 모습을 하고 있었다. 말이 통하지 않아 필담(筆談)으로 얘기를 주고 받고 보니, 그 사문은 천축(인도)에서 불법을 펴고자 어머니와 함께 여기에 이르렀다고 했다.

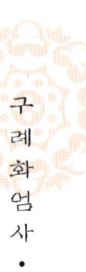

불자(佛者)에게 신심 더해주는 차나무 향의 청정하고 그윽한 깊이

마을 사람들은 '연' 이라는 희귀한 동물을 타고 나타났다 하여 '연기존자(緣起尊者)' 라 불렀고, 더불어 지은 절은 화엄 법문을 선양하기 위함이니 '화엄사' 라고 부르기로 하였다.

연기존자는 그들에 대한 고마움으로 마을 사람들에게 특별히 차 공양을 했다. 이때 마신 차가 혀끝과 입안에 그윽하게 젖어들어 마을 사람들이 이름을 물었더니 '작설차' 라 하였다 한다.

연기존자는 차를 올린 후 이렇게 게송하였다.

我今淸靜水 變爲甘露茶
奉獻三寶前 願垂哀納受
깨끗하고 맑은 물
감로수로 변하여
삼보님전 받잡노니
굽어 살펴 주옵소서

이 찻잔 안에 화엄 법계의 무진 법문이 들어 있고 자비 광명이 충만하였다. 그리고 그윽한 차 향기는 화엄사 골짜기를 맴돌고 연화장 세계에 가득 퍼졌다.

지리산은 골이 깊고 산이 높은 탓에 산나물이나 버섯을 비롯한 여러 약초나 열매들이 얼마든지 피어난다. 더

대웅전을 중심으로 동쪽에 위치해 있는 높이 6.40m의 5층 석탑. 5층은 삼계(욕계·색계·무색계)와 보살계, 불계를 상징한다. 단층기단은 일승법으로써 화엄경·법화경을 뜻하니 일승도량 화엄세계를 표현한 것이다. 즉, 불·보살·중생의 성품은 원융하여 차별이 없고 꾸밈이 없는 평등한 마음의 세계가 곧 화엄세계요, 연화장세계라는 것을 증명하는 탑이다.

구나 이 이야기에서부터 이미 보인 것처럼 오래전부터 차나무가 무성하다.

오미자는 질이 좋고 맛이 있으며 붉은 빛은 투명하고 아름답다. 작설차 또한 쌍계사와 함께 유명하다. 초봄에 따는 작설차가 제일이라고 한다. 화엄사 도량 뒤꼍에까지 차나무가 자라 불도를 닦는 이들에게 청정한 깊이와 그윽한 향을 선사하고 있다.

그리고 이곳 화엄사에서는 언제부턴가 우리의 산야를 뒤덮은 아카시아를 이용해서 차도 만들고 음식도 만들어 내어준다. 아카시아 꽃이 하얗게 피어날 무렵, 그 꽃을 따서 물기를 빼고 튀김옷을 입혀 기름에 튀겨낸 아카시아 꽃튀김은 꽃의 향이 깃들어 은밀한 맛을 준다. 그리고 겨울이면 찹쌀풀을 발라 바싹 말려 두었던 아카시아 꽃을 튀겨 먹기도 하고, 꽃잎을 그늘에 말렸다가 차를 끓이기도 한다.

지리산은 그 기나긴 한민족 역사와 더불어 부처와 중생이 하나라는 진리를 얘기하며 살아 있다. 위에서처럼 산골의 중생들과 높은 불심을 가진 연기존자가 차를 끓여 마시

보제루는 인조 때 벽암대사가 건립하였고, 순조 27년(1827)에 중수한 2층 누각 건물로 설법 강당으로 사용되고 있다.

며 합일(合一)되는 모습 속에서도 그 진리가 드러나는 듯하다.

묵은 해에 따서 말려두었던 상수리를 떫은 맛이 가시도록 물에 잘 삶아 두었다가 찹쌀과 팥을 함께 섞어 밥을 짓는다. 그리고 올해의 연한 상수리 나뭇잎으로 그 밥을 싸서 먹는 것이 상수리잎 쌈밥이다.

그러니까 작년의 상수리와 올해의 상수리잎을 함께 먹는 셈인데 부지런히 자연을 이용할 줄 아는 이들의 손길이 아니면 좀처럼 먹기 힘든 음식인 듯싶다.

눈 앞으로는 화엄사 각황전과 사사자 삼층석탑이 버티고 서 있다. 저 위로는 노고단이, 아래로는 긴 허리띠처럼 섬진강이 흐르고 있으리라.

강과 산, 그리고 이 불국(佛國)은 하나의 구도로 어우러져 아름답기가 그지없다.

효(孝)와 견성성불(見性成佛)의 의미 간직한 사사자 삼층석탑

여기 사사자 삼층석탑은 그 생김이 기이한데, 연기존자께서 오른쪽 어깨에 옷을 벗어 메고 오른쪽 무릎을 땅에 붙인 자세로 머리에 손등을 이고 있는 모습이다. 왼손으로 찻잔을 들고 있고, 찻잔 위에 구슬을 받쳐 어머니에게 진리의 공양을 드리고 부처님께는 차 공양을 올리는 모습이다.

인도 사람인 연기존자께서는 언어, 풍습, 음식이 맞지 않는 이국땅에 와서 수행의 어려움을 겪으면서도 부처님께서 말씀하신 〈부모은중경(父母恩重經)〉을 생각하며 어머니를 한결같은 정성으로 모셨다

네 마리의 사자는 인간의 희로애락을 각각 상징하는데, 이 탑은 정교한 조각품으로 통일신라시대 탑의 아름다운 본보기로 손꼽힌다.

각황전 왼쪽으로 동백나무 숲과 어우러진 백팔계단을 오르면 만나는 사사자 삼층석탑.
사리탑인 사사자 삼층석탑의 상층기단 네 모퉁이에는 네 마리 사자를 안치했고, 그 중앙부에 연기조사의 어머니를 모셨다.

한다. 부처님이 설한 부모님의 은혜를 잠시 인용해 보자.

가령 어떤 사람이 있어 왼쪽 어깨에 아버지를 모시고 오른쪽 어깨에 어머니를 모시고 피부가 닳아서 뼈에 이르고 뼈가 닳아서 골수에 미치도록 수미산을 백천 번 돌더라도 부모님 은혜는 갚을 수 없고, 굶주리는 지경에 당해 부모를 위하여 자기의 온몸을 저며 내어 티끌같이 잘게 갈아서 백천겁이 지나도록 하여도 은혜는 갚을 수 없다….

부처님의 말씀을 상기하며 어머니에게 진리의 공양을 올리는 모습으로 굳어 있는 삼층석탑은 효(孝)의 의미와 함께 견성성불(見性成佛 : 자기 본성을 깨달으면 부처가 됨)의 사상을 담고 있다.

공양주 보살 덕분으로 화엄사의 참죽으로 만든 음식을 청해 맛볼 수 있었다. 참죽은 6월에 종모양의 흰꽃이 피는데 향기가 짙어 입맛을 돋운다. 참죽 잎사귀에 찹쌀풀, 통깨, 고추장을 발라 말려 튀겨 먹는 참죽부각, 그리고 참죽을 데쳐서 밀전병 부친 것과 함께 섞어 갖은 양념을 해 참죽 밀전병 무침을 만들어 먹는다. 뱃속을 달래는 정도의 요기거리를 찾는 스님들에게 이 참죽 밀전병은 한 접시면 충분하다.

여기저기에 널린 대나무들 또한 산사람의 소중한 음식이 되곤 한다. 그 대나무의 푸르른 기운은 절개 곧은 선인의 지혜를 담뿍 담아 죽순나물이 된다. 대밭에서 노란 색깔의 연한 죽순을 구하여 채를 썰어 나물이며 회를 해 먹기도 한다. 그리고 전골이나 찌개에 넣어 그 소담함을 맘껏 즐길 수 있다. 화엄사에서 맛을 볼 수 있었던 것은 죽순나물이었는데 사각사각 씹히는 맛은 참으로 담백함을 느끼게 했다.

높이 10m인 괘불은 마(麻) 바탕에 채색한 영산회상도로서 효종 4년(1653) 5월에 지영·탄계·도우 스님 등이 조성. 거대한 규모이면서도 짜임새 있는 구도, 균형잡힌 형태, 치밀한 선 등이 17세기 중엽의 뛰어난 불화임을 알게 한다.

1천5백 년 고찰(古刹) 도처에서 만나는 민족 역사의 생생한 숨결

화엄사 넓은 도량(道場)을 거닐며 웅건한 모습을 구경하였다. 조선조 임진왜란 이후 중건되어 부분적인 보수만 이뤄진 채 여전하다. 그때 승병을 모집하여 왜군과 싸우다 쓰러져간 영혼이 이 사찰을 지키고 섰는가 보다.

화엄사 가까운 골인 피아골의 이름에 얽힌 이야기는 그 시기 거룩한 조국애를 느끼게 한다.

바다 건너 쳐들어온 왜적들과 의병장들이 하동 포구에서 결전을 벌였다. 그러나 의병장들은 패배하여 섬진강을 따라 후퇴하여 이 계곡으로 들어온다. 죽음을 각오한 전투를 벌였으나 또다시 새까맣게 몰려드는 왜놈들에게 끝내 의병장들은 목숨을 빼앗기고 만다. 쓰러지는 조국애의 뜨거운 피는 개울물을 빨갛게 물들이기 시작했다. 피아골은 여기에서 이름이 붙여졌다고 한다.

그런 역사를 갖고 있어 그런지 지리산 대숲에 이는 바람은 누군가 서성이며 울먹거리는 소리 같다. 그러나 그 모든 한과 설움은 부처님 전에서 말끔히 씻겨질 수 있는 것이리라.

그 넓은 도량(道場)이 구름과 시내가 사철 자욱한 지리산을 닮아 따뜻이 품어 안았으니 말이다.

인도적 화엄사상을 연기존자께서 씨 뿌리고, 또다시 신라 자장법사에서 원효선사로 이어 의상조사에 이르기까지 화엄의 종풍이 가득한 대화엄사가 골 깊은 지리산을 떠받치고 있으니 의연하기 그지없다.

대웅전 뒤편에 놓여 있는 구시. 나무로 만든 이 그릇은 그 중앙이 움푹 패여 있어 때로는 밥을 퍼 담아 놓는 밥구시로, 혹은 설거지를 하는 통으로 쓰이기도 했는데, 이 구시의 크기가 절의 규모를 가늠하게 하기도 했다.

화엄사 큰스님들의 부도

　우리는 어렸을 적 바라보았던 자연의 이름들을 부르며 살았지만 이제는 우리의 기억 속에서 잊혀져 가고 있다. 온갖 나무의 이름이며 새 이름, 풀 이름. 그러나 비단 이런 것들만을 우리가 잊고 살고 있는가. 참된 부처의 마음을 잊고 살고 있지는 않은지….

　산을 내려오는데 지리산은 아무런 말이 없었다. 숱한 얘깃거리를 안고 있으면서, 사람들의 등쌀에 시달리면서도 아무런 말도 없었다.

상수리잎쌈밥

너도밤나무과의 낙엽 교목인 상수리나무의 열매 상수리에는 전분이 많이 들어 있고 타닌이라는 떫은 성분이 많아서 그 맛이 독특하여 입맛을 돋운다.

칼로리가 비교적 적고 소화가 잘되는 편이어서 상수리잎 쌈밥은 간식으로도 적격이다. 그러나 섬유질 성분은 부족하므로 변비 증세가 있는 사람은 많이 섭취하지 않는 것이 좋다.

상수리 속에는 철분과 인 등의 무기질과 비타민 A, B1, B2 및 나이아신 등의 비타민류가 함유되어 있어서 미량이지만 우리 몸에 꼭 필요한 성분들을 가지고 있는 것이 특색이다.

떡갈나무의 열매인 도토리와 혼동하기 쉬운데, 도토리는 생김새가 약간 길쭉한 타원형인데 반해 상수리는 도토리보다 크고 둥글다.

재료
상수리잎, 멥쌀, 찹쌀, 상수리, 밤, 팥, 꿀물, 소금

만드는 법
01 상수리는 껍질을 벗겨 4~5일 정도 물에 담가 아린맛을 빼는데, 이때 물을 몇 차례 갈아주는 것이 좋다.

02 1을 소쿠리에 건져서 믹서나 절구에 곱게 빻는다.

03 밥알이 고슬고슬하게 쪄졌으면 주걱으로 이리저리 뒤적이면서 꿀물과 소금으로 간을 맞춘 다음 상수리 잎에 한 잎 양만큼씩 돌돌 말아 솥에서 다시 찐다.

죽순채볶음

죽순은 궤양이나 통혈맥 소담 및 발두진 등에 효능이 있는 민간 약초 중 하나이다. 아미노산이 골고루 들어 있고 당류, 유기산, 아데닐산 등이 어울려 있어 특이하다. 그리고 죽순의 아린맛은 아미노산인 타이로신이 산화한 호무겐치딘산과 수산 때문이다.

죽순에는 칼슘, 철분과 인 등의 무기질이 함유되어 있고 비타민 C를 위시해서 A, B1, B2, 나이아신 등이 골고루 들어 있으며 탄수화물과 단백질 외에 소량의 지방분도 함유되어 있다.

재 료
죽순 2개, 풋고추 1개, 호박 1개, 표고버섯, 소금 2큰술, 통깨 1/2큰술, 식용유 3큰술

만드는 법
01 죽순은 딴 즉시 바로 깨끗이 손질하여 쌀뜨물에 넣고 삶아서 떫은 맛을 뺀 다음 껍질을 벗겨 곱게 채썬다.

02 풋고추는 반 잘라 씨를 털어내고 죽순 길이로 채썬다. 호박도 같은 크기로 준비하고, 표고버섯은 기둥을 떼낸 후 역시 같은 크기로 썬다.

03 팬에 기름을 두르고 준비한 재료를 넣고 볶다가 소금으로 간하고 통깨를 뿌린다.

아카시아꽃튀김

개화기가 5~6월인 아카시아꽃은 일명 '자괴화(刺塊花)'라고도 한다. 북미가 원산지인 아카시아나무에서 6~7월에 채취한 꽃에는 타닌, 후라보노이드, 리신 및 카나린 등의 특이한 성분이 함유되어 있어서 풍미를 더해준다.

더구나 맛을 좋게 하는 아미노산인 글루타민산을 위시해서 다수의 필수 아미노

산이 꽃의 꿀 속에 함유되어 있을 뿐만 아니라, 쌀을 주식으로 하는 우리 식생활에서 결핍되기 쉬운 아미노산인 라이신이 함유되어 있으므로 영양면에서나 풍미에서나 빠질 것이 없는 사찰 음식 중의 하나이다.

그리고 이 요리는 민간 요법으로 대장 하혈과 각혈 등을 막는데 쓰이기도 한다. 신선한 꽃잎에는 비타민 C가 풍부하게 들어있다.

재 료
아카시아꽃, 녹말가루, 밀가루, 소금

만드는 법
01 아카시아꽃을 송이째 따서 깨끗하게 준비한다.
02 녹말가루, 밀가루를 1:1의 비율로 넣어 튀김 반죽을 한 다음 소금으로 간한다.
03 아카시아 꽃송이에 튀김옷을 입혀 기름에 튀겨낸다. 튀길 때는 꽃송이가 갈색으로 변하지 않도록 너무 오래 튀기지 않는 것이 좋다.

두릅전

두릅은 산봄나물 중의 왕이라 불릴 만큼 독특한 향을 지니고 있으며 고혈압에 큰 효과가 있다고 하여 예로부터 약용식품으로 크게 환영받고 있다.

편식하는 어린이들도 전으로 만들어 주면 아주 좋아하며 밀가루 대신 찹쌀가루를 사용하면 훌륭한 영양간식이 된다.

재 료
두릅, 밀가루, 녹말가루, 소금, 간장, 식초, 고춧가루, 깻가루, 식용유

만드는 법
01 밀가루에 녹말가루를 섞어 소금으로 간을 한 다음 묽고 곱게 개어 놓는다.

02 두릅은 깨끗이 다듬어 팔팔 끓는 소금물에 살짝 데친다.

03 프라이팬에 식용유를 넣고 약간 달군 뒤 두릅을 가지런히 놓고 1의 반죽을 덮어 노릇하게 부쳐낸다.

04 간장에 고춧가루와 깻가루를 넣고 식초 몇 방울을 넣어 곁들여 낸다.

취나물쌈밥

  취나물은 산나물 중 뒤지지 않는 나물로 고향에서 뜯어 본 경험과 향수를 지니고 있을 것이다. 취나물은 모르는 이가 없을 정도로 흔하며, 우리 식탁에 자주 오르며 그 맛 또한 독특해서 나물뿐 아니라 취나물쌈밥, 또는 생취로 무쳐내는 등 다양한 요리의 재료가 되며 영양분도 뛰어나다.

재 료
잎이 넓은 취, 멥쌀, 간장, 깨소금, 소금, 참기름

만드는 법
01 깨끗이 씻은 취를 팔팔 끓는 물에 살짝 데쳐 낸다.
02 데친 취잎은 간장과 참기름을 넣어 골고루 무쳐 놓는다.
03 금방 지은 밥에 참기름과 깨소금, 소금을 넣어 맛있게 부친다.(볶는 게 아님)
04 3을 먹기 알맞게 주먹밥으로 만들어 2를 잘 펴서 예쁘게 싼다

미역취

개미취

참취

수리취(떡취)

참죽전

재료
참죽잎, 참죽뿌리, 밀가루, 식초, 통깨, 진간장, 식용유

만드는 법
01 참죽은 잘 다듬어 손질한 뒤 깨끗이 씻어 소쿠리에 건져 놓는다.

02 밀가루에 물을 붓고 고루 저어 반죽한다.

03 기름 두른 팬에 물기를 없앤 참죽뿌리와 잎이 서로 엇갈리게 놓고 밀가루 반죽을 얇게 끼얹어 어느 정도 익으면 뒤집어 노릇노릇하게 부친다.

04 간장에 식초와 통깨를 넣은 초간장을 곁들여 찍어 먹는다.

참나물무침

재료
참나물, 고춧가루, 깨소금, 진간장, 참기름

만드는 법
01 어리고 연한 참나물잎으로 골라 깨끗이 손질해 팔팔 끓는 물에 살짝 데친다.
02 데친 나물에 고춧가루, 깨소금을 넣고 진간장으로 간을 한 후 참기름을 넣고 다시 한번 무쳐 낸다.

산수유술

한방에서는 약성이 따뜻하고 신장기능이 허약한 데 특효이며 정수부족, 요슬동통, 이명 등에 명약이라고 한다.

재 료
산수유, 소주

만드는 법

01 산수유는 깨끗이 씻어서 물기를 제거한다.

02 준비한 병에 산수유를 넣고 1/2정도의 소주를 붓고 밀봉하여 1년 이상 서늘한 곳에 보관한다.

03 산수유를 건져내고 오랫동안 보관하면 맛이 더욱 좋아진다.

오미자술

오미자는 몸을 보호하고 눈을 맑게 하며 신장을 데워 준다. 음을 강하게 하고 남성의 정을 늘린다.

재료
오미자, 소주

만드는 법
01 오미자를 깨끗이 씻어서 물기를 제거한다.
02 준비한 병에 오미자를 넣고 1/2정도의 소주를 붓고 밀봉하여 1년 이상 서늘한 곳에 보관한다.
03 오미자를 건져내고 오랫동안 보관하면 맛이 더욱 좋아진다.

죽순장아찌

재 료
죽순, 간장, 깨소금, 참기름

만드는 법
01 죽순을 데쳐 껍질을 곱게 벗겨내고 간장을 끓여서 식힌 후에 붓는다.

02 1주일쯤 지나면 다시 간장을 끓여 붓고 한 달 정도 두면 맛깔스런 장아찌가 되는데 죽순장아찌를 채 썰어 깨소금과 참기름에 무쳐 장아찌 간장을 조금 부어낸다.

죽순표고볶음

재 료
죽순, 말린 표고버섯, 붉은고추, 풋고추, 진간장, 통깨, 식용유

만드는 법
01 죽순은 날 것으로 준비해 비늘같이 생긴 부분을 모두 벗겨내고 물로 씻은 다음 5cm 길이로 썬다.

02 말린 표고버섯은 물에 불린 다음 채 썰고 붉은고추와 풋고추도 채 썬다.

03 준비한 재료를 모두 합한 다음 통깨, 진간장을 넣은 후 양념을 한다.

04 두터운 팬에 기름을 두르고 뜨거워지면 양념한 죽순을 넣고 볶는다.

아카시아술

재료
아카시아 꽃, 소주

만드는 법
01 아카시아 꽃송이를 깨끗이 씻어서 물기를 잘 말린다.
02 준비된 병에 아카시아 꽃을 넣고 소주를 1/2 정도 붓고 잘 밀봉하여 1년 이상 서늘한 곳에 보관한다.
03 아카시아 꽃을 건져내고 오랫동안 보관하면 맛이 더욱 좋아진다.

두릅밀전병무침

재 료
두릅, 밀가루, 소금, 고추장, 된장, 고춧가루, 통깨, 식용유, 참기름

만드는 법

01 두릅은 깨끗이 손질한 후 끓는 물에 살짝 데쳐 물기를 뺀다.

02 밀가루에 물을 부어 걸쭉하게 반죽한 다음 식용유를 두른 팬에 조금씩 얇게 놓고 전병을 부친다.

03 밀전병을 두릅 길이만하게 썰어서 데친 다음 두릅과 함께 준비한 양념으로 무친다. 참기름은 맨 나중에 친다.

취나물무침

재 료
취, 고춧가루, 된장, 참기름

만드는 법

01 취는 잎이 깨끗한 것으로 고르고, 너무 큰 것은 먹을 만한 크기로 잘라 끓는 물에 살짝 데쳐낸다. 데친 취는 물기를 짠다.

02 데친 취에 된장, 고춧가루, 참기름을 넣고 무친다.

참죽순튀김

재 료
참죽순, 녹말가루, 밀가루, 된장, 고추장, 식용유

만드는 법
01 참죽순은 깨끗이 씻어건져 물기를 없앤다.

02 밀가루와 녹말가루를 같은 양으로 섞은 다음 된장, 고추장과 물을 붓고 고루 반죽하여 튀김옷을 만든다.

03 참죽순에 튀김옷을 매끈하게 입혀 기름이 180℃로 끓으면 넣고 튀긴다.

※ POINT 튀김을 바삭하게 하려면 쓰던 기름보다 새 기름을 쓰는 것이 요령이다. 기름의 온도는 재료의 성질이나 크기에 따라 다른데 감자나 연근처럼 쉽게 익지 않는 것일 때는 150℃ 전후, 날 것으로도 먹을 수 있는 신선한 것은 180℃ 정도의 고온에서 재빨리 튀겨내야 한다.

참죽무침

재 료
참죽, 된장, 고춧가루, 깨소금, 참기름

만드는 법
01 참죽은 끓는 물에 데친 후에 체에 받쳐 물기를 뺀다.
02 준비된 참죽에 된장, 고춧가루, 깨소금을 넣어 무친 다음 마지막으로 참기름을 넣어 한 번 더 무친다.

※ POINT 참죽무침은 양념에 따라 고추장, 식초, 설탕을 넣어 새콤달콤하게 무쳐 먹을 수도 있고 간장, 고춧가루, 깨소금을 넣어 담백한 맛을 즐길 수도 있다.

참죽부각

재 료
참죽, 찹쌀풀, 고추장, 들깨, 식용유

만드는 법
01 참죽순을 잘 다듬어 끓는 물에 살짝 데친 후 건져 물기를 없앤다.

02 찹쌀풀을 쑤어 뜨거울 때 고추장과 들깨를 넣고 고루 섞는다.

03 비닐이나 랩을 깔고 참죽순을 넣은 후 붓으로 찹쌀풀을 골고루 발라 햇볕에 바싹 말린다.

04 먹을 때 180℃로 끓는 기름에 튀긴다.

오미자바람떡

재료
오미자, 멥쌀, 소금, 꿀 또는 물엿

만드는 법
01 오미자를 깨끗이 씻어서 그릇에 담아 오미자를 우려낸다.

02 멥쌀은 깨끗이 씻어 5시간 정도 불렸다가 건져서 소금을 넣고 빻아 체에 내린다.

03 오미자 우려낸 물로 반죽하여 바람떡을 빚는다.

화엄사 주변의 식용산초들

1. 지칭개

5월~7월 사이에 보라색으로 꽃이 피는 두해살이 풀로 전국적으로 분포하고 있으며 들판의 풀밭이나 밭가장자리, 논두렁 등에도 난다. 지혈과 건위, 소종 등의 효능을 가지고 있어 약재로 쓰며, 식용으로는 이른 봄에 난 싹을 뿌리째 캐서 나물로 해 먹는다. 된장찌개를 끓이면 특이한 맛을 즐길 수 있다.

2. 벌왕두(들등갈퀴덩굴)

여러해살이 덩굴풀로, 6월~8월 사이에 보라색으로 콩꽃 모양 비슷한 꽃이 한데 엉켜서 봉우리로 핀다. 울릉도와 중부 및 북부 지방의 산지 풀밭에 많이 나며, 남부 지방의 고산 지대에서도 핀다. 식용으로는 4월~5월경에 자라나는 줄기의 끝부분을 꺾어 모아 가볍게 데쳐서 나물로 무쳐 먹기도 하며, 국으로 끓이면 연한 맛이 난다.

3. 양하

여러해살이 식물로 50~100cm 정도 키가 되며, 9월~10월 사이에 보라색으로 큰 밤톨만한 계란형의 꽃이 핀다. 중부 이남 지방에서 제주도까지 널리 분포되어 있다. 약용과 식용으로 쓰이는데, 약용으로는 간, 신장, 간경화증에 이용된다. 식용으로는 봄에 어린순을 잘라서 데쳐 무쳐먹기도 하고 전으로도 부쳐 먹는다. 가을에 피는 꽃은 장아찌를 담궈 먹기도 하고, 살짝 데쳐 잘게 찢어서 갖은 양념을 하여 무쳐먹기도 하는데, 맛은 생강의 향을 많이 지니고 있다.

금오산에서 맞이한 해돋이. 이곳에서 맞이하는 일출의 아름다움 때문에 절 이름을 '향일암(向日庵)' 이라고 불린다.

여수 향일암 (영구암)

톳나물

미역·김부각

뜸부기국

고구마순나물

춘란숙회

파래무침

밀나물숙회

쇠뜨기숙회

의아리나물

탱자술

여수 향일암 영구암 · 156

"초대하지 않았어도 인생은 저 세상으로부터 찾아왔고, 허락하지 않았어도 이 세상으로부터 떠나갔다. 그는 찾아온 것과 마찬가지로 떠나가는 것이다. 거기에 어떠한 탄식이 있을까."

금빛으로 쏟아지는 달빛을 머금은 발치 아래의 남해 바다는 황금 연못 되어 빛나고, 선들선들 부는 가냘픈 바람을 온몸으로 맞이하는 처마끝 풍경은 그윽하면서도 청정한 소리로 산사의 정취를 더해준다.

고즈넉하게 잠든 금오산의 허리춤에 오롯이 올라앉은 영구암(靈龜庵)에서의 밤은 아무리 노곤한 몸이라도 깊은 잠을 허락하지 않는다. 밤 깊은 산사의 아름다움에 취해 '예정할 수도, 예측할 수도 없는 것'이 인생이라는 부처의 말씀을 떠올릴 때, 푯대도 없이 흔들리는 우리네 인생살이의 덧없음을 생각케 하기 때문이다.

쪽빛 바다가 푸르게 누워 있는 전라남도 여수시 돌산읍 율림리 임포에 있는 영구암은 대한불교 조계종 제19교구 본사인 화엄사의 말사로, 644년(선덕여왕 13년)에 신라의 고승 원효대사가 창건하여 '원통암'이라 하였고, 그 후로 고려 광종 9년(958년)에 윤필대사가 중창한 뒤 '금오암'이라고 개칭했다.

임진왜란 때에는 승군의 본거지로 사용되었으며, 철종 때 현위치로 자리를 옮기고 절 뒷산에 있는 바위가 거북이 등처럼 생겼다 하여 '영구암'이라 불렀다고 한다. 이곳에서 바라보는 일출이 장관이어서 '향

대웅전 뒤에 위치한 관음전의 모습.
원효대사 창건시 원통암이라 불려진 이곳은 옛모습이 거의 남아 있지 않지만, 관음전은 대사의 수행 흔적을 간직한 채 1천4백 년의 세월을 견뎌냈다.

일암'이라 부르기도 하는데, 일부에서는 '일본을 향한다'는 의미로 일제가 그렇게 불렀다 하여 이 명칭을 마다한다.

근래에 큰스님인 경봉 스님이 그러한 이유로 '영구암'이라고 명명하고 대웅전의 현판을 써 주었다.

거북이 형상의 지형에서 유래한 명칭, '금오산' 과 '영구암'

영구암을 찾아 여수에서 임포행 버스를 탔다. 남해 바다를 끌어안은 육지는 거센 해풍에 호들갑을 떨었다. 머리카락이 이리저리 휘날리고 가로수들은 미친 듯 흔들렸다. 바람은 비취빛으로 너울거리는 바다 생각에 잠긴 나를 울렁거리게 하고 있었다. 바다가 가까이 다가서기 시작했다. 가슴속에 가득 들어차 있던 갑갑증과 어지러움증이 일순간 물 속으로 가라앉는 듯 했다. 그리고 그 옛날의 수로부인 얘기를 떠올리게 했다.

파란 바다를 뚫고 용이 나타나 아름다운 수로부인의 미색을 탐내어 그녀를 잡아갔다. 그 사건으로 사람들이 당황해 하는데 지나던 어떤 노인이 "뭇사람의 입은 쇠라도 녹인다"며 경내의 백성을 모아서 막대기로 바닷가를 두드리며 '해가(海歌)'를 부르게 하였다. 사람들이 그 노인의 말을 따르니 악한 용이 수로부인을 내놓았다는 얘기가 그것이다. 그 해가의 가사를 보면 "거북아 거북아, 수로를 내놓아라(龜乎龜乎出水路)…"

영구암이 자리한 금오산의 뒷편에서 바라본 절의 모습과 거북이 형상의 지형. 왼쪽 앞부분이 바다로 향하는 거북이 머리의 모양이다. '금거북'을 뜻하는 산 이름도 거북이를 닮은 지형에서 유래했다고 한다.

라고 하였다. 그 가사 속의 거북이 영구암을 등에 지고 있는 금오산을 얘기하였는지도 모른다는 상상을 하게 하였다. 버스에서 내려 붉은색 지붕을 한 임포 마을을 휘둘러 보노라니 해안가가 거북이 머리를 빼죽 내밀고 있는 모양을 하고 있었던 것이다.

임포리는 얼마 안 되는 가구들이 옹기종기 모여 해안가를 두르고 있다. 바닷가에는 검은 자갈들이 모자이크처럼 널려 있다. 거무스름하게 건강한 낯빛을 한 남정네들은 고기잡이를 위해 해진 그물을 다듬고 있었다. 그리고 몸빼를 입고 머리에 수건을 쓴 아낙들은 해초를 따느라 구부린 허리를 펼 새가 없다. 오래전부터 양식을 바다에서 건져 올려야 했던 임포리 사람들의 바지런함이 느껴졌다.

신라 고승 원효대사가 창건한 1천4백여 년 역사의 고찰(古刹)

눈을 돌려 금오산(金鰲山)을 바라보았다. 광대한 바다를 감싸안은 탓인지 금오산 산등성이를 깎아 세운 듯한 바윗덩어리들이 버티고 서 있었다. 그런 거대한 절벽 위에 원효대사께서 세우셨다는 영구암이 소박하게 앉아 바닷바람을 머금고 있었다.

금오산은 급한 경사를 이루어 문명의 이기에 길들여진 도시인들의 허약한 다리를 팍팍하게 만들었다. 가파른 그 길에도 봄은 꽃을 피우게 하였고 눈이 부시도록 신록이 우거지게 하였다. 나는 예전에 깊은 깨달음을 던져 주었던 원효대사의 《발심수행장(發心修行章)》을 떠올리기 시작했다.

산의 초입에서 바라본 금오산의 절경과 산허리에 자리잡은 영구암의 모습. 주위의 동백숲과 기암 절벽, 산 아래로 펼쳐지는 쪽빛 바다로 인하여 최근 여수를 들르는 사람은 빠지지 않고 절을 찾는다고 한다.

高嶽峨巖 智人所居	높은 저 산 솟은 바위 밝은 이가 살 곳이요
碧松深谷 行者所棲	그윽한 골 푸른 숲은 닦는 이의 처소로세.
飢餐木果 慰其飢腸	나무 열매 풀뿌리로 주린 배를 위로하고
渴飮流水 息其渴情	흐르는 물 맑은 샘이 마른 목을 적셔주리.
喫甘愛養 此身定壞	좋은 음식 길러봐도 몸은 끝내 무너지고
着柔守護 命心有終	비단으로 얼싸줘도 이내 목숨 마치리니.
助響巖穴 爲念佛堂	올려주는 바위굴로 염불법당 도량삼고
哀鳴鴨鳥 爲歡心友	슬피우는 새 소리로 즐거운 벗 짝을 삼세.

 부모를 섬기고 처자를 거느리며 세상 물정에 밝아 원하는 모든 것을 취할 수 있다면 얼마나 좋은가. 그러나 탐욕과 고통으로 찌들대로 찌들어 버린 세상. 그런 세상에 광명을 주기 위해 원효가 수행했던 길은 참으로 험난하였으리라. 속세가 유혹하는 온갖 물욕들을 물리치고, 깨달음을 위한 곳으로써 원효대사는 이 금오산 산허리를 걸어 올라갔던 것이리라.

 기암 절벽들이 눈언저리에 와닿더니, 길이 끊어진 듯하였다. 어둠에 싸여있는 바위

산을 오르다 보면 도처에서 마주치게 되는 기암 괴석의 모습. 갑자기 길이 끊어진 듯하여 길손을 당황하게 하지만, 어둠에 쌓인 바위 사이로 햇빛이 스며들며 새로운 하늘을 열어준다.

사이로 가느다란 빛이 스며들어 온다. 막힌 듯 하던 길에 조그만 구멍이 입을 벌리고 지나가라 손짓한다. 그 좁은 길을 벗어나니 광대한 하늘이 가슴을 벌리고 있다. 또다시 막힌 듯한 길. 그 길도 새로운 하늘을 열어주는 서곡쯤에 불과하다.

거친 바닷바람과 척박한 땅덩어리가 사방을 휘둘러친 까닭에 이곳 영구암에선 쉽게 구할 수 있는 김, 미역, 톳 등의 해조류 음식이 유명하다. 주린 배를 가까스로 채울 정도의 음식이면 족하다 하였던 원효대사의 얘기를 증명이나 하듯 말이다.

아낙네들이 따고 있었던 김과 미역을 이용하면 생각보다 훨씬 다양하고 별난 반찬을 만들어낼 수 있다. 찹쌀을 오래 불렸다가 빻아 찹쌀풀을 장만해 놓고, 세 장 정도의 김이나 한 장의 미역(김은 얇고 미역은 두껍기 때문)에다 그것을 골고루 발라 말린 후 튀긴 부각이 그 대표적인 것인데, 이는 사찰 음식의 대명사이기도 하다.

해조류 특유의 바다 냄새를 간직한 채 바삭하고 씹히는 맛은 참으로 아기자기하다. 때때로는 밥을 비벼 먹을 때 그것을 부숴 먹기도 하는데 그 어우러짐 또한 어촌 아낙네의 소박한 심성을 닮았다. 줄기차게 뻗어나간 바다와 들판을 한동안 넋을 잃고 바래기하고 섰다가 다시 영구암에 오르기 시작하니 등줄기를 타고 땀은 비오듯 쏟아져 내린다.

어느새 영구암을 눈앞에 두고서 돌계단을 밟아 오른다. 계단을 오를 때마다 숱한 번뇌의 밑둥지를 하나씩 잘라내 버린다는 심정으로.

돌계단을 올라서서 대웅전 앞에 섰다. 아담한 크기에 어떤 이가 색을 칠했는지 녹청색과 적색이 묘하게 조화를

한 권의 책을 펼쳐놓은 듯한 대웅전 뒤의 흔들바위. 한 사람이 흔들거나 열 사람이 흔들거나 흔들리는 정도가 비슷하다는 이 바위 위에서 원효대사가 참선을 했다고 전해진다.

이룬 단청이 눈에 들어온다.

집을 짓고 장식하는 일 중에 이 단청이야말로 커다란 몫을 차지한다 하겠다. 그런데 오늘날 단청이란 낱말의 의미는 단순히 무늬적인 면만이 강조되어 원래 가졌던 더 큰 뜻의 회화(繪畵)라는 측면은 사라졌다.

영구암의 대웅전 단청도 물론 무늬적 측면이 강조된 것이 사실이다. 그러나 그 모양은 주위 배경과 잘 어우

대웅전에 붙어있는 현판. 근래에 경봉 스님이 일제의 잔재가 남아있는 '항일암' 이란 이름을 못마땅하게 여겨, 조선 시대의 명칭이던 '영구암' 이라 명명하여 현판을 직접 써주었다고 한다.

러진다. 집이 천연의 제약을 받고 세워지듯, 금오산 산허리의 거친 배경에 걸맞게 그 옛날 있었던 황룡사의 거대한 이미지와는 다른 소박함이 물씬 풍겨온다.

부뚜막 위에서 비로소 바다의 싱그러운 향미가 피어나는 파래김치

옛터 위에 세워진 건물들은 대웅전, 관음전, 용궁전, 산신각, 칠성각, 요사채, 종각들이다. 특히 대웅전 뒤편에 원효대사께서 직접 창건한 관음전은 민족의 웅장한 역사를 떡 버티고 서서 보여주는 듯하다.

용궁전에 들르니 일 년 내내 끊이지 않는다는 용왕 기도가 한창이었다. 바다를 목숨으로 알며 여태 살아왔던 어민들의 정성이 이곳에서 무르익고 있는 것이다. 큰 바람을 만나 뭍에 있는 처자식을 뒤로 한 채 물고기 밥이나 되지 않을까 노심초사하던 아낙네들이 무사 귀가와 풍어를 빌며 용궁전에 엎드려 있는 모습이 안쓰럽다 못해 경건함마저 불러일으킨다.

영구암에서 유명한 음식들을 둘러보기 위해 공양주 보살님을 찾았다. 보살님은 심중을 꿰뚫어 보기라도 했는지 음식 하나하나를 정성들여 만들며 마냥 웃음기를 띠었다. 물론 보살님의 손끝에서 무르익는 음식도 해조류로 이뤄진다.

근해에서 건져 올리는 해초들은 수백 년, 아니 억겁의 세월 동안 가난한 갯마을 사람들의 양식이 되어왔다. 보살님이 맨처음 맛보게 한 음식은 파래김치였다.

파래김치는 도시인들의 밥상에도 올라가는 음식이다. 바다를 닮은 초록의 파래를 깨끗이 씻어 간을 하고, 부뚜막에서 삭게 하면 그 김치는 제맛을 낸다. 가스렌지가 부엌의 중심을 차지한 요즘인데 부뚜막이 어디 있겠는가만은 파래김치가 주는 바다의 싱그러운 맛은 부뚜막 위에서 피어오르는지도 모른다.

그리고 돌산에서 너무 유명한 '갓'은 일본으로 수출되는 것인데, 그 갓을 가지고 갓김치를 만든다. 갓김치는 양념을 하는 둥 마는 둥 해서 잘 묵혀두었다가 보리가 팰 무렵이면 꺼내 먹는다. 햇보리로 밥을 짓고 김이 하염없이 피어나는 보리밥에 길게 찢어 얹어 먹는 그 맛은 궁한 양식을 참으로 맛나게 먹게 한다. 현대인들의 자발진 식성을 이 갓김치의 맵싸한 맛이 삭여줄지도 모른다. 두 음식을 맛보고 있노라니 보살님이 금오산 꼭대기를 가리킨다. 정상까지 쉬엄쉬엄 올라갔다 오면 다른 음식맛을 보여 준단다.

거북이 등 무늬처럼 균열이 간 바위의 모습. 거북이 모양의 지형이 특징인 이곳에서 영구암이 자리잡은 곳은 거북이의 등 부분인데, 그런 이유 때문인지 주변의 모든 바위 표면에는 사진과 같이 균열이 생겨 있어 보는 이로 하여금 감탄을 자아낸다.

살캉살캉 씹히며 그윽한 풍미를 전하는 뜸부기된장국

대웅전 뒤에는 흔들바위가 한 권의 불경을 펼쳐놓은 듯 놓여 있다. 생명이 위태위태한 낭떠러지. 초근목피로 생활하셨다는 원효대사께서 드넓은 바다를 눈앞에 두고 이 바위에 앉아 참선을 하셨단다. 조그마한 흐트러짐에도 어눌한 인간의 목숨은 갈기갈기 찢겨질 수 있는 곳이다. 필자는 《발심수행장》에서 전해오는 원효대사의 웅건한 의식을 떠올렸다. 금오산 봉우리에 섰다. 산에 오르며 짐작했던 거북의 형상이 뚜렷하게 다가왔다. 극락 세계의 황금 연못 같은 그 모습은 〈화엄경〉의

사시(巳時)에 부처님께 공양 예불을 올리고 있다. 공양 예불은 하루 한 차례 있으며, 부처님께 올리는 밥을 '마지(摩旨)'라고 한다.

연화장 세계를 연상시킨다. 암자에 내려오니 보살님이 뜸부기국과 톳나물무침을 준비하고 있었다. 된장을 풀어 끓인 뜸부기국은 참으로 시원하다. 살캉살캉 씹히면서 풍기는 그 맛은 잡다한 재료를 넣어 끓인 것에 비길 바가 아니다. 그리고 톳나물무침은 식초가 살짝 들어가 상큼한 것이 맛이 좋다. 해초가 주는 특유의 맛이 여기에 있다 할 수 있겠다.

붉은 해가 바다 속으로 잠기고 있었다. 수평선에 드리워진 은빛, 그윽한 풍경 소리가 어스름이 지는 하늘을 부른다. 이제 달이라도 뜬다면….

望龍象德 能忍長苦	성현의 덕 바라거든 난행고행 길을 참고
期獅子座 永背欲樂	부처자리 기약하여 오욕쾌락 저버리세.
行者心淨 諸天共讚	닦는 마음 깨끗하면 모든 하늘 찬탄하고
道人變色 善神捨離	도 닦는 이 탐색하면 선신들이 떠나가네.

톳나물

해조류의 일종인 톳은 무기질 중에서도 특히 칼슘과 철분의 함량이 매우 높은 무기질원이다. 따라서 상식(常食)하면 혈액을 알칼리성으로 전환시키고 세포 조직을 강화시킴으로써 노화를 방지하고 모든 장기의 기능을 활발하게 해준다. 칼슘의 대사가 순조로운 식품이므로 질병에 대한 저항력을 높여줄 뿐만 아니라 장의 유동작용을 활발히 하여 장내의 노폐물을 배설시키므로 변비에도 좋다.

재 료
톳, 된장 1/3티스푼, 고추장 1/3티스푼, 참기름 1/3 티스푼, 깨소금 약간

만드는 법
01 톳을 끓는 물에 넣고 색깔이 파래지도록 살짝 데쳐낸다.
02 데쳐낸 톳을 물에 헹궈낸 다음 소쿠리에 건져 물을 뺀 후 먹기 좋은 크기로 썰어서 된장 · 고추장을 넣고 골고루 버무린 후 깨소금으로 간을 본 다음 참기름을 넣고 살짝 무쳐낸다.

바닷물 밑으로 보이는 톳의 모습. 칼슘과 철분이 풍부한 대표적인 해조류인 톳은 혈액을 알칼리성으로 유지시키므로 노화를 방지해주는 미용식이자 스태미나 식품으로 잘 알려져 있다.

미역 · 김부각

미역과 김 또는 다시마 등과 같은 해조류에 찹쌀을 발라서 건조시킨 후에 기름에 튀기는 부각은 우리 나라 사찰 음식의 대표적인 것이다.

이들 식품의 공통적인 특색은 다른 식품에 미량 함유된 무기질을 다량 가지고 있는 알칼리성 식품이라는 점이다. 요오드, 칼슘, 철분, 단백질, 비타민A · B1 및 B2 등을 다량 함유하고 있어서 체질의 산성화를 막으며 혈압을 안정시킨다.

뿐만 아니라 섬유질이 있어 소화가 안 되는 식이섬유 식품이므로 변비에도 유효하다. 이외에도 모발을 아름답게 하고 피부를 윤택하게 하기 때문에 미용식으로도 널리 알려져 있다.

재료
찹쌀풀 2컵, 통깨 1/3스푼, 소금 약간, 식용유, 튀각미역 1장(튀각미역이란 미역을 말릴 때 깨끗이 씻어서 모래 또는 이물질을 완전 제거하여 깨끗이 말린 것이다), 김, 실고추

만드는 법
01 찹쌀을 5일 정도 물에 담가두는 데, 매일 한 번씩 물을 갈아준다.
02 1을 소쿠리에 건져서 믹서나 절구에 곱게 빻는다.
03 찹쌀가루로 조금 되직하게 죽을 쑨 다음 심심하게 소금간을 한다.
04 미역을 알맞게 썬 후 그 위에 찹쌀풀을 바른 다음 실고추와 통깨를 보기좋게 뿌려서 햇볕에 바짝 말린다.
05 160℃~170℃ 정도의 기름에 미역을 넣고 찹쌀풀이 하얗게 부풀어 오르도록 튀겨낸다. 하얀색이 변하기 전에 얼른 건져낸다.
06 김 한 장을 놓고 그 위에 찹쌀풀을 얇게 바르고, 그 위에 김 한 장을 다시 놓고 얇게 찹쌀풀을 또 바른다.
07 다시 그 위에 김 한 장을 올려놓고 이번에는 찹쌀풀을 약간 도톰하게 바른 다음 통깨와 실고추를 모양있게 뿌려 바삭바삭하게 말려서 미역부각과 같은 방법으로 튀겨낸다.

뜸부기국

해조류 중에서도 특히 갑상선호르몬인 지록신의 구성 성분인 요오드의 중요한 급원이 된다. 또한 광합성 색소로서 클로로필, 카르치노이드 및 휘코피린 등을 함유하고 있다. 이들 성분들은 심장이나 혈관의 작용을 돕고, 호르몬과 함께 몸의 발육이나 기능의 균형을 유지시킴으로써 신체를 생기있게 만드는 역할을 한다.

요오드 부족으로 인한 단순성 갑상선종이나 유약자 발육저하 방지에도 효능이 있다. 주성분은 당질이며 알칼리성 무기질 중에서도 칼슘, 철분, 인 등을 함유하고 있다.

뜸부기에는 무기질 성분 중 특히 요오드가 다량 함유돼 있어 신체의 발육을 촉진시키며, 요오드 부족으로 인한 단순성 갑상선종에도 효능이 있다.

재 료
된장 1/3컵, 들깨가루 1/3컵, 물 3컵, 뜸부기

만드는 법
01 된장과 들깨가루를 물에 풀어 넣고 끓인 다음에 다시 뜸부기를 넣어 한소끔 끓여 먹는다.
02 뜸부기를 넣고 오래 끓이면 녹말을 풀어 넣은 것처럼 걸쭉해져 맛이 덜해지므로 뜨거운 국물에 잠깐 끓이는 것이 좋다.

고구마순나물

재료
고구마순, 된장, 고추장, 들기름, 통깨, 붉은고추

만드는 법
01 고구마순은 마르지 않고 통통한 것으로 껍질을 벗긴 후 끓는 물에 삶고 찬물에 헹궈 물기를 꼭 짠다.

02 물기를 짠 고구마순은 5cm길이로 잘라 된장, 고추장을 넣고 고루 무친다.

03 팬에 기름을 두르고 뜨거워지면 양념한 고구마순을 넣고 볶다가 붉은고추 채썬 것을 넣고 한번 돌려 볶은 후 통깨를 뿌린다.

173

춘란숙회

춘란은 우리 나라 바닷가와 산에 널리 분포되어 있다.
이른 봄에 녹황색 꽃대가 올라오면 꽃대를 꺾어(꽃대는 약간 달콤한 맛이 난다) 연한 소금물에 살짝 데쳐 된장에 잣을 넣고 잘 섞어 춘란을 찍어 먹기도 하고 잣 된장에 버무려 먹기도 한다.

재 료
춘란꽃, 잣, 된장, 소금

만드는 법
01 춘란꽃은 뽑아서 소금물에 살짝 데친다.
02 잣을 잘 갈아서 소금과 물을 약간 부어 소스를 만든 후 춘란꽃을 찍어 먹는다.

파래무침

파래는 선명한 녹색을 띠는 클로로필을 함유하고 있어 녹조류에 속하는데, 그 향기가 특유하여 식욕을 돋운다. 단백질과 당질을 많이 함유하고 있으며, 무기질 중에서는 칼슘과 철분은 많은 편이지만 요오드는 다른 해조류에 비해서 적다.

칼슘이 풍부해서 뼈나 치아의 건강에 좋을 뿐만 아니라, 출혈시 응혈작용과 흥분된 신경의 억제작용, 근육의 수축작용에 이르기까지 효능이 다양하여 대표적인 건강 식품으로 꼽힌다. 철분이 많아서 빈혈에 좋다. 또 철분에는 혈액 중 산소를 운반하는 적혈구에 함유된 헤모글로빈 성분이 있으므로 피로 회복에 좋다.

파래를 따는 아낙네의 바지런한 손끝에 청정한 바다의 맛이 담겨 있는 것 같다. 향기가 특유하여 식욕을 돋우는 파래에는 특히 칼슘과 철분이 풍부하다.

재 료
파래, 참기름, 간장, 깨소금, 무

만드는 법
01 파래를 찬물에 씻어서 물기를 뺀 다음 곱게 채 썬 무와 파래를 섞어(무는 파래 양의 1/4 정도) 부뚜막이나 싱크대 위에 하루 정도 올려 놓았다가 새콤하게 삭으면 냉장고 안에 넣어서 차게 먹는다.

02 너무 물기가 없으면 맛이 덜하므로 약간 물기가 있게 한다.

밀나물숙회

봄철에 어린 순을 따서 나물로 만들어 먹거나 초간장에 무쳐 먹는다. 잎은 호색 난형 또는 타원형이며 덩굴 식물로 덩굴손이 있다. 5~7월 줄기에 흰색 꽃이 핀다.

밀나물과 비슷한 천남생은 독성이 많은 풀이므로 주의해야 하며 민간과 한방에서는 구경 해소, 거담, 파상풍, 진경 등에 약재로 쓰인다.

재 료
밀나물, 고추장, 다진파, 깨소금, 참기름

만드는 법
01 잘 다듬어 씻은 나물은 물에 살짝 데쳐 물기를 꼭 짠다.
02 물기를 뺀 나물에 고추장, 다진파, 깨소금을 넣고 무치다가 참기름을 친다.

천남생. 독이 있는 풀로 밀나물과 착각할 수 있으므로 주의가 필요하다.

쇠뜨기숙회

시골 어디에서나 흔히 볼 수 있는 쇠뜨기는 신장병으로 몸이 부었을 때 쇠뜨기풀 10g을 잘 말려서 뜨거운 물을 부어 5~6분 간 우려낸 뒤에 그 물을 아침 저녁 두 차례 차로 마시면 좋다.

재 료
쇠뜨기, 소금, 초고추장, 통깨

만드는 법
01 어린 쇠뜨기를 골라 소금물에 살짝 데친 다음 깨끗이 씻어 물기를 뺀다.
02 초고추장을 곁들여 먹는다.

의아리나물

 대화철연연, 전자연, 외대의아리, 선인초라고 불리기도 하는 의아리는 숲 가장자리에 나는 덩굴나무이다. 중풍으로 인하여 입이 한쪽으로 돌아갈 때 위령선의 뿌리를 짓찧어 붙이기도 한다. 어린 싹은 나물로 먹기도 하지만 강한 유독성 식물로 민간에서 함부로 쓰면 위험하다.

재 료
의아리, 진간장, 깨소금, 소금, 참기름

만드는 법
01 의아리나물은 소금물에 살짝 데쳐 물기를 꼭 짠다.
02 진간장, 깨소금을 넣고 무치다가 참기름을 넣고 가볍게 무친다.

탱자술

탱자는 중국이 원산으로 경기 이남의 따뜻한 지역에 많고 약간 모가 난 초록색 줄기가 튼튼하며 험상궂게 생긴 가시가 쉽게 접근을 거부하듯 제법 위엄을 준다. 그러나 늦봄에 피는 새하얀 꽃은 향기가 그만이고, 가을이 되면 동그랗고 노란 탱자열매가 겁주는 가시에 어울리지 않게 일품이다. 탱자술은 전신에 생긴 흰 두드러기를 고친다.

재 료
탱자, 소주

만드는 법
01 누렇게 익은 탱자를 깨끗이 씻어서 물기를 말린 후 준비된 유리병에 넣고 탱자가 술에 잠길 정도로 소주를 부어 밀봉시킨다.

푸르른 신록이 감싸안은 스님의 뒷모습에는 넉넉한 삶의 여유가 흐르고, 그 바구니 가득 봄이 담겨 있다.

여수
흥국사

산초잎된장국

둥글레싹무침

산초잎장떡

씀바귀무침

제고물떡과 팥방망이떡

진달래전

우산대나물

버찌술

찔레순겉절이

돌산갓김치

여수흥국사

· 188

한 잔의 차를 마신 후 자연과 벗삼고 있는 노승의 여유있는 모습.

자연의 산초를 캐서 바구니에 담아오는 모습.

행자가 노승

벌써 너울 쓴 민들레가 소담스레 피었다. 봄의 흥을 잠시 잊고 살았던 나는 호국 사찰로 유명한 흥국사(興國寺)를 향해 부산스레 움직였다. 전라남도 여수시 중흥동에 있는 흥국사는 영취산(靈鷲山) 산마루에 있는 전통 사찰이다. 약 8백 년이라는 긴 역사를 자랑하고 있는 곳이니 '전통 사찰'이란 이름을 붙이기에 껄끄러움이 없다.

　여수시 시가지를 뚫고 흥국사를 찾던 날은 바람이 심술을 부렸다. 봄날씨답지 않게 하늘은 찌푸려 있었고, 찬 기운은 봄 기운에 젖어 가볍게 단장된 옷깃을 파고 살갗에 스며들었다. 중국에서 날아든 황사 바람이 그곳을 지나치고 있는지도 몰랐다. 아니면 세상이 제 갈 길을 찾지 못해 우왕좌왕하고 있는 탓에 날마저 기우뚱거리고 있었을지도 모른다.

갈여 공양하는 모습.

행자가 디딜방아에 곡식을 찧고 있는 모습.

1195년 흥국(興國)의 일념으로 보조국사 지눌이 창건

가까스로 차를 잡아타고 흥국사로 달려가는 길은 바람을 안은 채 음산한 기운마저 던져주고 있었다. 어느 회사의 정유 공장에서 내뿜는 것인지 시커먼 굴뚝 연기가 그렇지 않아도 어두운 시가지 하늘을 뒤덮고 있었고, 마침내는 흥국사를 감싸안은 영취산마저 삼켜버릴 듯 혀를 낼름거렸다.

최근 들어 한국의 대기 오염도는 대단하다고 한다. 그래서 산성비가 수목의 목숨을 많이 앗아가고 있다고 하니 산업화의 바람은 쓰라린 염증을 만들어내고 있는 것이다. 씁쓸한 기분을 지울 수가 없었다. 그러나 그러한 갑갑함도 영취산 산허리로 접어들자 점차 잦아들었다.

진보라색을 띤 제비꽃, 별모양을 한 개별꽃, 짙은 노란색의 피나물들이 영취산 수목들과 어우러져 있는 것을 보자 눈가엔 어느새 간사스레 웃음기가 배어나왔다. 마음의 밝아옴을 아는 듯, 어두운 하늘이 빠끔히 얼굴을 열며 영취산 숲길을 비추기 시작했다. 가녀리게 비쳐드는 햇살은 초록을 화사하게 수놓았다. 진례산, 영취산 등 여러 산봉우리들이 부드러운 곡선을 만들고 있었다. 이런 봉우리들이 흥국사를 연꽃처럼 감싸돌고 있는 것이었다.

예전부터 영취산은 지역민들이 신성스레 받들었다고 한다. 그런

호국의 영기가 서려 있는 영취산의 수려한 풍치를 병풍 삼아 두르고 선 흥국사 초입의 일주문.

산 속에서 보조국사(普照國師) 지눌은 호국의 일념으로 흥국사를 지어 개산(開山)을 했다.

온갖 풀꽃이 지천으로 널려 뽐내는 산길을 걷고 있노라니 보조국사께서 큰 뜻을 품고 이곳을 찾던 발걸음이 성큼 다가들었다. 국사의 부흥과 백성의 복을 위해 조용히 수련할 터를 찾아 헤매다가 마침내 이 영취산을 마주한 국사의 가슴이 얼마나 벅차올랐을지는 짐작하고도 남음이 있었다.

《흥국사사적기(興國寺事蹟記)》에 전해오는 창건 설화는 보조국사의 호국 의지를 여실히 드러내고 있는 듯하다.

…좋은 성지를 택해서 절을 지으려고 이 산 저 산으로 좋은 터를 찾아다녔다. 금오도(金鰲島)의 굴봉산(掘峰山)에 올라 풀을 깔고 좌선하며 정진하였는데, 알 수 없는 노승이 나타나서 국사를 금성대(錦城臺)로 안내하여 영취산을 바라보며 흥미진진하게 설명하였다. 여러 봉우리가 연꽃처럼 웅장히 솟았고, 층이 장엄하고 나무가 곧고 빽빽히 섰으며, 지세가 깨끗하여 덕(德)이 높고 용의 양쪽 귀와 같은 비상한 경계이므로 고승 대덕이 머물 수 있는 대도량이 될 것이라고 말하였다. (…) "그곳에 큰 절을 짓고 이름을 흥국사라 하라. 이 절이 잘 부흥하면 나라와 민족이 잘 되고 나라가 잘되면 절이 잘될 것이다." (…) 성현의 가르침이라고 믿고 깊이 추앙하면서 흥국사의 터를 잡았다….

바람을 타고 아이들의 재잘거리는 소리가 들려왔다. 풋풋하게 피어오르는 대자연의 고즈넉함을 깨뜨리며 아이들이 소풍을 온 모양이었다. 순수한 눈망울을 빛내며 아이들은 엄마의 손을 꼭 쥐고 걸어가고 있었다.

보자기에 보리밥이나마 꾹꾹 눌러 담고 들과 산으로 달려갔던 어린 시절이 떠올랐다. 어쩌다 떡을 싸들고 갔을 때는 소풍을 온 아이들의 부러움 섞인 눈길을 한몸에 받았던 것 같다. 보릿고개가 있던 시절이니 오죽했겠는가.

이곳 흥국사에는 두 가지의 떡이 유명하다. 제고물떡과 팥방망이떡이 그것이다. 제고물떡은 찹쌀과 멥쌀로 만드는 음식이다. 특별한 재료가 필치 않은 소박한 꾸밈새와 가루를 빻아내는 정성이 어우러지는 까닭에 그 떡에는 감칠맛이 난다. 요즘 나오는 과자류의 혀끝만 자극하는 달콤함과는 그 질이 틀리다 할 것이다.

팥방망이떡은 이름부터 함초롬하다. 소박하고 투박하면서도 끈끈한 맛이 느껴진다. 이 떡은 사실 그 모양새가 방망이처럼 생겼고, 빨간 팥들이 빽빽히 싸고 있는 모양이 여느 떡과는 달라 우스꽝스럽기까지 하다. 어린이들이 영취산 기슭에다 노래를 던져주고 있었다. 그 노랫소리를 산과 하늘이 받아 정수암 계곡으로 흘려보내고 있었다.

보물 396호인 대웅전과 함께 이름난 무지개 모양의 다리 홍교(虹橋)

홍국사 초입에는 '무지개 다리'라고 불리는 홍교가 있다. 맑은 계곡 물을 뿌리 삼아 잘 다듬은 장대석(長臺石)을 짜 올린 것이다. 그 생김새가 시위를 당기는 활 모양으로 둥글고 무지개처럼 걸려있는 모습에 '무지개 다리'라 하는 것이다. 선암사의 승선교보다는 둥근 맛이 좀 덜하다 하지만 그 곡선미(曲線美)는 참으로 휘황하다.

이 다리는 이 고통스런 세계를 벗어나 불국(佛國)의 세계로 건너는 의미가 담겨있다고 한다. 다리 주위에는 작은

보물 563호로 지정된 무지개 다리 '홍교(虹橋)'

돌들이 물기를 머금어 반짝거리고, 흐르는 물은 구성진 가락을 이룬다.

중생들이 올곧은 길로 정진하기에 이보다 더한 곳이 있을까 하는 생각마저 들었다. 그때 보조국사가 얘기했던 돈오점수(頓悟漸修)를 새삼스레 떠올렸던 것은 무슨 까닭일까.

범부가 욕심으로 어두울 때는 몸뚱어리가 자기인 줄 알고 진실한 자기를 모르는 것을 중생이라 하는데, 이때 참지식의 지도를 받아 본래 성불임을 알아 다함이 없는 지혜가 열리는 것이 '돈오'이고, 이런 후에 잘못된 생각을 덜고 덜어 더 덜 것이 없을 때까지 덜어나가는 것을 '점수'라고 한다.

흥국사 대웅전 앞에 섰다. 둥글게 높이 솟은 영취산을 배경으로 웅장한 자태를 자랑하고 있었다. 이 대웅전은 조선조 사찰에서 가장 많이 조성된 불전(佛殿) 가운데 하나라 하는데, 다포계 양식으로 짜임새가 화려하고 웅장하다.

가까이 다가서서 대웅전 문을 살펴보면 우물 정(井)자와 빗살 무늬가 겸해져 정교한 면모를 알 수 있다. 그리고 용 등이 조각되어 있었다. 지나치던 스님 한 분이 그 모양에 넋을 잃고 서 있는 것을 보고 바다를 상징한 것이라 일러주었다.

대웅전의 축대는 바다를 상징하므로 거북, 게, 용들이 조각되어 있고, 부처님 광명의 상징인 석등도 그 기단이 거북으로 되어 있다.

그러고 보니 대웅전의 축대는 바다요. 법당은 배가 되는 셈이었다. 중생을 이 고통의 세계로부터 저 고통이 없는 피안의 세상으로 건너게 해주는 배가 되는 것이다.

보조국사가 터를 잡은 이후 호국의 길에 떨쳐 일어섰던 역사를 설명해주는 모습이다. 임진왜란 당시 자운(慈雲), 옥형(玉炯)스님을 위시해서 여러 스님들이 수군(水軍)이 되어 낭떠러지로 곤두박질할 것 같은 우리 민족을 구원하는 길에 떨쳐 일어섰다고 하니 그 기운이 아직도 대웅전 이곳저곳에 살아 숨쉬는 것을 감지할 수 있는 듯 싶었다.

독특한 향취 지닌 남녘의 별미, 산초잎장떡과 산초잎된장국

이렇듯 고난의 역사를 안고 있으니 음식이 역시 구수하면서도 소박한 것으로 이어져 온다. 그리고 그 음식의 재료가 되는 것은 지천에 널렸으되 깨끗한 자연을 한몸에 담은 것이 된다. 산초잎장떡과 산초잎된장국이 바로 그것이다.

신록이 우거진 영취산 구석구석에 3m 가량 되는 산초나무가 자라고 있는데, 그 나무의 잔가지 끝에 싹이 새치름히 자라나 있었다. 이 음식들은 이 산초나무의 싹을 이용하여 만든 것이다. 봄의 한창 때에 피어난 산초싹을 가지고 된장과 고추장으로 간을 하여 구운 부침개라고 볼 수 있는 것이 산초잎장떡이다. 한 입에 베어물 때 느껴지는 그 새큼하고 후덕한 맛은 참 별스럽다.

그리고 산초잎된장국은 짭짤한 맛이 강한 막장을 이용하여 산초싹을 넣어 끓이는 것이다. 역시 한국인의 음식은 국에서 그 진가가 드러난다. 서양 사람들에게 있어서 수프는 아무리 걸쭉하다 하여도 식사 전에 부식으로 먹는 음식이다. 그에 비해 우리네 국은 그것 자체가 밥과 더불어 주식이 된다. 국물을 '마시다' 라는 말은 '맛' 에서 나왔다고 한다. 마시는 데서 음식의 맛을 찾은 이유에서 나온 말이라 하겠다.

음식을 다 먹고도 숭늉을 먹어야만 뱃속이 든든했던 우리네 조상들. 산초잎된장국도 그 맛의 든든함이 벅차다. 은은하게 풍겨오는 향기와 은근한 뒷맛은 사람 사는 맛이 아닌가 한다. 순간적이고 감각적인 맛을 좇는 요즘의 추세를 생각할 때 이 국맛을 느껴봄이 좋을 듯하다.

흥국사 마당을 거닐다보니 어느새 스님들의 유골을 모신 부도전 앞에 서성이고 있었다. 눈앞의 웅장한 산세를 의연히 처다보며 흥국사의 역사를 얘기해주고 있는 듯 싶었다.

부도는 모두 13기가 있었다. 특이하지는 않은 모습으로 단순한 종(鐘) 형식과 옥개석을 한 형태여서 단순하고 순박하다. 흥국사 창건 스님인 보조국사 부도가 있다. 그런데 조선조 중기에 의승 수군의 본부와 7백여 대중이 운집해 있었던 사찰 규모를 생각해 본다면 부도의 수가 얼마 되지 않는 셈이었다.

차를 달여 부처님께 공양하는 노전(爐殿)에서 바라본 흥국사의 모습. 노전은 또한 부처님을 시중하는 시자가 있는 곳을 가리키기도 하는데, 부처님 오른쪽 뒤에 항상 대기한다는 뜻으로 법당 오른쪽 뒤쪽에 지어졌다.

풀꽃들이 그 주위에 소담스레 피어 있었고, 하늘의 구름은 불도의 정진에 힘쓰고 애국에 투철했던 스님들의 흔적에 고개를 떨구고 있듯 조용히 머물고 있었다.

홍국사에는 갖가지 유산들이 남아 그 역사를 전해준다. 다포계 양식으로 짜임이 화려하고 장엄한 대웅전은 보물 396호이며, 석가여래가 〈법화경〉을 설법한 영취산(인도 중부 지방의 샤타산. 고대 인도 마가다국에 있던 산)의 법회 모임을 그린 대웅전 영산회상도(靈山會上圖)는 보물 578호이다. 또한 무지개 모양의 다리 홍교는 보물 563호로 지정되어 있다. 그리고 지방문화재로 관음보살을 모신 원통전, 대법회에서 옥외에 의식용으로 걸어 모시는 괘불탱화가 있으며 그 외에 팔상전, 응진전, 무사전, 불사전, 노전이 있다.

여러 자료를 통해 보면 홍국사의 암자 수가 14곳이나 되었다 한다. 그 중에서 지금까지 내려오는 암자가 있으니 도솔암이 그것이다. 홍국사 대웅전으로부터 약 3km 지점에 있는 것으로 하늘에 사는 사람의 욕망을 이루는 곳이 여기이다. 석가모니 부처님께서도 여기에 계셨다 하며 다음 용화세계(龍華世界)에 태어날 미륵불(彌勒佛)이 현재에 계시는 곳이다.

사실 홍국사는 옛 터전이긴 하되 본래의 모습을 지켜오지는 못했다. 국운이 쇠하였던 구한말과 일제 시대에 피폐되어 과거의 모습을 그르친 감이 없지 않다. 8백여 년의 홍국사 역사는 비바람에 쓰린 상처를 안고 있는 것이다.

어둠이 몰려들 때쯤, 나는 홍국사를 벗어나고 있었다. 발길을 돌리며 부처님의 모습을 그려보았다. 명상하는

관세음보살이 모셔진 원통전(圓通殿)의 전경. 그 이름대로 관세음보살의 자비가 두루 통한다고 해서 관음전의 다른 이름으로 붙여졌다. T자형의 건물 양식으로 유명한 이곳은 옆으로 시냇물이 흐르고 영취산을 배경으로 하고 있어 기도터임을 알 수 있다.

스님들이 기거하며 공부하는 대중방(大衆房)인 심검당(尋劍堂)의 측면에서 볼 수 있는 독특한 형태의 굴뚝. 그 뒤로 역시 스님들이 기거하는 적묵당(寂默堂)이 보인다.

눈, 그리고 살짝 입가에 미소가 감돌고 있는 깊이 모를 정밀(靜謐). 흐트러진 내 낯을 바로잡자니 시름만 더한다. 어둠은 또다시 바람을 안고 들어왔다. 바람은 대각국사의 품격을 귓가에 아로새기는 듯했다.

대각국사의 품격은 소의 행동과 같이 무게가 있었으며, 앞을 보려면 쏘아보고 뒤를 볼 때는 목만 돌리지 않고 몸 전체를 돌리는 호시(虎視)였다고 한다.

한가함에도 끌리지 않고 몸가짐에도 게으름이 없었다고 한다. 그런데 언제부턴가 나의 눈은 사시(斜視)가 되어간다.

사람들의 눈을 바로보자니 부끄러움이 솟아올라 옆으로 눈길이 간다. 나는 고즈넉한 정적이 내려앉은 산길을 내려오고 있었다.

산초잎된장국

재 료
산초잎 100g, 된장 2큰술, 다홍고추 1개

만드는 법
01 어린 잎을 깨끗이 손질해 씻는다.
02 다홍고추는 동글동글하게 썬다.
03 냄비에 분량의 된장을 넣고 물 4컵을 부어 묽게 푼 다음 잎을 넣고 푹 끓이다가 다홍고추를 넣어 한소끔 더 끓인다.

※ POINT 산초는 된장맛과 잘 어울리므로 국을 끓일 때 잎을 으깨 넣기도 하고 향미를 위해 손바닥에 놓고 잘 두드려 펴서 국물에 2~3잎 띄워도 좋다.

둥글레싹무침

　토죽, 선인반, 필관채, 위유, 옥북, 산둥굴레, 괴불꽃 등으로 불리기도 하는 산과 들에 나는 풀이다. 눈엽 부드러운 것은 나물로 먹고 근경을 쪄서 물과 술에 담근 후에 황분을 만들어 풀을 쑤거나 햇볕에 말려 분말내어 먹기도 한다.

재 료
둥굴레싹, 진간장, 고춧가루, 깨소금, 참기름

만드는 법
01 둥굴레싹은 손질하여 물에 잘 씻는다.
02 끓는 물에 살짝 데친 후 물기를 짠다.
03 그릇에 둥굴레싹을 담고 준비된 양념을 넣어 무치다가 참기름을 친다.

203

산초잎장떡

 산초가 들어간 사찰 음식은 정진 요리의 일종이다. 산초는 건위, 이뇨 및 소염작용 등에 효과가 있는 자연 식품인데, 특히 신선한 방향 성분과 풍미가 좋은 신미(辛味) 성분 및 고미(苦味) 성분을 함유하고 있어서 식욕 증진을 위한 요리에 이용된다.

 특별히 산초의 잎과 열매를 이용한 이들 음식은 향기가 특이해서 된장국과 간장의 풍미에 효과가 있음을 이용한 것이다.

재료
산초잎 100g, 밀가루 2컵, 고추장 4큰술, 식용유

만드는 법
01 산초잎을 깨끗이 씻는다.
02 밀가루에 고추장을 넣고 물 2컵을 부어 걸쭉하게 반죽한 다음 고루 섞는다.
03 팬에 기름을 두르고 반죽을 얇게 편 다음 잎을 수놓듯이 듬성듬성 얹어 노릇노릇하게 부친다.

※ POINT 보통 전을 부칠 때의 반죽보다 조금 되게 하는 것이 맛을 내는 요령이다.

씀바귀무침

씀바귀는 우리가 먹는 나물 중에서 가장 쓴 나물로 통한다. 대개 쓴 식물은 염증을 내려주고 열을 풀어주며, 식욕을 증진시켜주는 효과가 있다. 봄에 씀바귀 나물을 먹으면 식욕을 돋우고 위장을 튼튼하게 해 소화기능을 좋게 한다. 또한 더위에도 강해진다고 한다. 속이 늘 차고 소화가 안 되며 설사가 잦은 사람에게는 좋지 않으며 씀바귀가 쓰다고 꿀과 함께 먹는 것은 안 된다.

재 료
씀바귀, 된장, 고추장, 깨소금

만드는 법
01 씀바귀는 데쳐 물기를 꼭 짠다.
02 된장과 고추장을 같은 비율로 섞고 깨소금을 넣어 부드럽게 무쳐 낸다.

제고물떡과 팥방망이떡

팥을 넣어 만든 떡은 예로부터 고사 지낼 때, 함 받을 때나 이사할 때 등 우리의 생활 풍습과 관계가 있다. 이는 팥의 붉은 빛이 잡귀를 멀리한다는 주술적인 의미가 내포되어 있기 때문이다. 그러나 더 중요한 이유는 쌀밥을 주식으로 하는 우리의 식생활에서 결핍되기 쉬운 비타민류를 보충시키는 식품이기 때문이다. 팥방망이떡에는 비타민 B1과 B2가 다른 식품에 비하여 풍부하게 함유되어 있을 뿐 아니라 빈혈에 좋은 철분이 많이 들어 있다. 특히 사포닌이 함유되어 있는 팥은 껍질이 소화되기 어려워 변통을 좋게 하여 변비에 효과가 있다. 그밖에 모유 부족, 각기 등에도 유효하다. 쑥에는 영양성분으로 단백질이 풍부하고 카로틴, 비타민 B1, B2와 비타민 E 등이 많이 함유되어 있으며, 칼슘과 인등의 무기질도 들어 있다. 제고물떡은 쑥을 섞지 않고 그냥 만들기도 한다.

재 료
멥쌀 3컵, 찹쌀 1컵, 소금 1큰술, 쑥 100g, 팥 삶은 것 2컵, 소금 1/2작은 술

만드는 법
01 멥쌀과 찹쌀을 섞어서 5시간 정도 불렸다가 물기를 뺀 다음 소금을 넣고 빻아 체에 내린다.
02 쑥을 깨끗이 씻어서 삶은 다음 찬물에 헹궈 물기를 꼭 짠다.
03 체에 친 쌀가루에 뜨거운 물을 붓고 버무린 후 시루에 안쳐 떡가루가 묻어나지 않을 정도로 푹 찐다.
04 떡가루 찐 것은 떡 만든 후에 고물로 써야 하므로 고물로 묻힐 분량만큼 남겨둔다.
05 절구에 푹 쪄진 멥쌀을 넣고 물기가 없는 공이에 소금물을 묻혀가면서 밥알이 안 보일 때까지 친다.
06 팥은 6시간 정도 담갔다가 소금을 넣고 삶아낸다.
07 도마에 물을 약간 바르고 덩어리진 떡을 놓고 손으로 비벼가며 가래떡을 만든다. 그 다음 4의 고물을 묻힌다.

※ **POINT** 쑥을 넣지 않고 하얗게 하면 하얀 제고물떡이 된다. 6의 통팥을 묻혀서 다시 시루에 안쳐 쪄내면 팥방망이떡이 된다.

진달래전

진달래는 술을 담가서 마시기도 하며 화전의 재료가 된다. 민간에서는 강장, 이뇨, 건위 등의 약재로 쓰인다.

재 료
진달래꽃, 찹쌀가루, 소금, 설탕, 식용유

만드는 법

01 진달래꽃은 잘 다듬어서 깨끗이 씻은 후에 소쿠리에 건져 둔다.

02 찹쌀가루에 소금과 설탕을 약간 넣은 다음 물을 조금씩 부어가며 밀가루 반죽보다 약간 되직하게 반죽한다.
(찹쌀가루가 팬에 달라붙기 때문이다)

03 프라이팬에 기름을 두르고 팬이 뜨거워지면 찹쌀가루 반죽을 얇게 끼얹고 그 위에 진달래 꽃잎을 예쁘게 놓아 노릇노릇하게 한쪽만 잘 부친다. 이때 꽃잎이 잘 붙도록 수저 등으로 찹쌀반죽을 고르게 밀면서 부친다.

04 잘 부쳐진 화전을 김밥 말듯이 둥글고 예쁘게 말아 소쿠리에 담고 잠깐동안 김을 식힌다.

05 예쁘게 부친 화전을 보기좋게 썰어서 그릇에 담아 낸다.

✲ **POINT** 화전을 썰 때는 칼에 참기름을 발라가며 썬다.

우산대나물

재 료
우산대, 진간장, 소금, 참기름, 깨소금

만드는 법
01 깨끗이 다듬은 우산대 어린 순을 끓는 물에 살짝 데친 후 찬물에 헹구고 물기를 꼭 짠다.

02 물기를 짠 우산대에 진간장, 소금, 깨소금을 살살 털 듯이 무치고 마지막에 참기름을 떨어뜨려 다시 한번 살짝 무친다.

버찌술

재 료
버찌, 소주

만드는 법

01 버찌를 깨끗이 씻어서 물기를 뺀 다음 준비한 병에 버찌 분량의 3배 정도 소주를 붓고 밀봉하여 1년 이상 서늘한 곳에 보관한다.

02 버찌를 건져내고 오랫동안 더 숙성시키면 맛이 더욱 좋다.

찔레순걸절이

찔레꽃의 향기는 사람을 사로잡을 만큼 짙고 신선하다. 우리 선조들은 찔레꽃을 증류하여 화장수로 즐겨 이용하였다. 이를 꽃 이슬이라 하여 찔레꽃 향수로 몸을 씻으면 미인이 되는 것으로 믿었다. 찔레꽃에는 더위를 식히고 위장을 소화하며 출혈을 멎게 하는 등의 효능을 갖는 성분이 들어 있다. 찔레 열매에는 약간의 독성이 있으므로 독을 법제하여 쓰면 부종, 수종, 소변이 잘 안 나오는데, 야뇨증, 오줌싸개 등에 큰 효과가 있다.

재 료
찔레순, 진간장, 고춧가루, 참기름

만드는 법
01 찔레의 어린 순을 따서 껍질을 벗긴 후 잘 씻어 물기를 뺀다.
02 진간장, 고춧가루, 통깨, 참기름으로 양념장을 만들어 놓는다.
03 물기를 뺀 찔레순에 준비한 양념장을 섞어 살살 무치다가 마지막에 참기름을 떨어뜨린다.

돌산갓김치

　돌산갓 김치는 돌산갓이 함유하고 있는 특유의 매운맛과 쓴맛으로 식욕을 돋워 체력을 증진시키는 김치다.
　매운맛을 내는 성분인 시니그린(Sinigrin)은 포도당과 결합한 유황 화합물로서 휘발성이므로 김치를 담그거나 생야채로 먹는 것이 좋으며 가열 조리를 피하는 것이 원칙이다.
　성분상의 특징은 다른 야채에 비하여 나트륨이 약간 많은 편이고 비타민류로는 카로틴과 비타민 E가 많다.
　낭분으로는 포도당과 과당을 함유하고 있고 90% 이상의 수분과 3% 내외의 단백질과 당질 외에 회분이 1.3% 정도 함유되어 있는 알칼리성 식품으로서 우수한 김치류이다.

재료
돌산갓 40g, 진간장 1컵, 찹쌀풀 1/2컵, 생강 1작은술, 고춧가루 4큰술, 소금 약간, 통깨 약간

만드는 법
01 돌산갓을 소금에 절여 숨을 죽인 후 잘 씻어 소쿠리에 건져 물을 뺀다.
02 고춧가루와 생강 다진 것, 진간장을 찹쌀풀에 함께 넣어 버무린 다음 30분 정도 둔다.
03 돌산갓을 2에 골고루 버무린 후 통깨를 뿌려서 담가 두었다가 삭혀서 먹는다.

※ POINT　절에서는 보통 한 해 전부터 소금에 삭혀두었다가 이듬해에 먹는다.
　　　　　즉, 올해 가을 김장할 때 돌산갓을 소금에 절인 후 씻어서
　　　　　다시 소금으로 짭짤하게 간을 하고, 고춧가루는 보통
　　　　　김치 담글 때의 1/3분량으로 넣어 내년 봄까지 푹 삭힌 다음
　　　　　노랗게 익으면 꺼내 먹는다.
　　　　　별 양념이 없지만 돌산갓 특유의 담백한 맛을 즐길 수 있다.

산초튀김

재 료
산초, 녹말가루, 밀가루, 통깨, 소금, 식용유

만드는 법
01 산초가 반쯤 여물었을 때 가지째 따서 깨끗이 씻어 물기 없이 말린다.

02 밀가루와 녹말가루를 반반씩 섞어 물로 걸쭉하게 반죽한 다음 통깨와 소금을 넣고 간을 맞춰서 튀김옷을 만든다.

03 산초에 튀김옷을 입혀 180℃로 끓는 기름에 튀긴다.

산초장아찌

재료
산초, 간장

만드는 법
01 산초가 반쯤 여물었을 때 가지째 따서 팔팔 끓여 식힌 간장에 담근다.
02 15일 정도 지나 간장을 따라내고 다시 한번 끓여 식힌 다음 붓는다.

※ **POINT** 산초는 맛과 향이 강하고 자극적이므로 조금씩 꺼내 담고, 건지가 촉촉이 잠길 정도로 제간장국을 따라 붓는다. 산초장아찌는 제철에 담가 저장해 두었다가 여름철 입맛이 없을 때 식욕을 돋우는 반찬으로 이용하면 좋다.

고춧잎장아찌

재료
고춧잎, 간장, 깨소금, 참기름

만드는 법
01 끝물의 고춧잎을 거둬들여 끓는 물에 살짝 데치고 찬물에 헹궈 물기를 꼭 짠 후 햇볕에 말린다.
02 꾸덕꾸덕하게 마르면 고춧잎을 단지에 담고 분량의 간장을 부어 재운다.
03 간장이 고루 배면 먹을 때 조금씩 꺼내서 깨소금, 참기름을 넣고 조물조물 양념하여 무친다.

왕씀바귀무침

재 료
왕씀바귀, 고추장, 설탕, 깨소금

만드는 법
01 씀바귀는 데쳐 물기를 꼭 짠다.
02 고추장, 설탕, 깨소금을 넣어 부드럽게 무쳐낸다.

씀바귀걸절이

재 료
씀바귀, 고추장, 깨소금, 식초,
막걸리, 물엿 또는 설탕

만드는 법
01 씀바귀는 손질한 후 잘 씻어 소쿠리에 건져 물기를 뺀다.
02 고추장에 깨소금, 식초, 물엿 또는 설탕, 막걸리를 넣고 혼합한 후 씀바귀를 넣어 잎이 시들지 않도록 살짝 무친다.

※ **POINT** 막걸리는 식초의 신맛을 더욱 깊게 하는 역할을 한다.

진달래화채

재 료
진달래꽃, 꿀, 오미자즙, 잣, 녹말가루

만드는 법
01 큰 그릇에 물을 채운 후 진달래꽃을 담갔다가 꽃 모양이 흐트러지지 않도록 조심스럽게 씻어 소쿠리에 받쳐 놓는다.

02 차가운 꿀물에 오미자즙을 약간 넣어 새콤한 맛을 더해준다.

03 물기가 완전히 가시지 않은 진달래꽃을 녹말가루에 묻혀 끓는 물에 살짝 넣었다가 건져낸다.

04 준비된 2에 진달래꽃과 잣을 띄운다.

흥국사 주변의 식용산초들

1. 양지꽃

　장미과의 여러해살이 풀로 산기슭이나 풀밭의 볕이 잘 드는 곳에서 자란다. 줄기는 옆으로 비스듬히 자라고 높이가 30~50cm이며 잎과 함께 전체에 털이 있다. 꽃은 4~6월에 노란색으로 피고 줄기 끝에 취산꽃차례를 이루며 10개 정도가 달린다. 꽃잎은 5개이고 길이 6~10mm의 둥근 달걀을 거꾸로 세운 모양이며 끝이 오목하다. 열매는 수과이고 길이 2mm의 달걀 모양이며 세로로 잔주름이 있다. 어린순을 나물로 먹고 한방에서는 식물체 전체를 약재로 쓰는데, 잎과 줄기는 위장의 소화력을 높이고, 뿌리는 지혈제로 쓰인다.

2. 구기자

　마을 근처의 둑이나 냇가에서 자란다. 높이는 1~2m 정도이나 다른 물체에 기대어 자란 것은 4m에 이르기도 한다. 줄기는 비스듬히 자라고 끝이 밑으로 처진다. 흔히 가시가 있으나 없는 것도 있다. 잔가지는 노란빛을 띤 회색이고 털이 없다. 어린 잎은 나물로 쓰고 잎과 열매는 차로 달여 먹거나 술을 담그기도 한다. 한방에서는 가을에 열매와 뿌리를 채취하여 햇볕에 말려 쓰는데, 열매를 말린 것을 구기자라 하고 뿌리껍질을 말린 것을 지골피(地骨皮)라 한다. 지골피는 강장·해열제로 폐결핵·당뇨병에 쓰고, 구기자로는 술을 담가 강장제로 쓴다. 잎도 나물로 먹거나 달여 먹으면 같은 효과가 있다. 민간에서는 요통에 지골피를 달여 먹는다.

3. 할미꽃

　미나리아재비과에 속하는 다년생 풀로서 전체에 부드럽고 가는 털로 덮여 있으며 뿌리는 길고 곧으며 암갈색을 띤다. 줄기는 곧게 서고 높이는 40cm내외다. 할미꽃은

복통에도 좋을 뿐만 아니라 두통, 부종, 이질, 심장병, 학질, 위염 등에 약으로 쓴다. 특히 뇌질환을 치료하는데 신통한 효과가 있는 것으로 알려져 있다. 할미꽃의 뿌리는 독이 있으므로 조심해서 사용해야 한다. 절대로 많은 양을 한꺼번에 먹어서는 안 된다. 또 임산부가 복용하면 낙태할 수가 있다.

4. 각시붓꽃

꽃은 자주색 꽃이 핀다. 꽃밥은 황색이며 수술대보다 짧고 암술대는 3개로 갈라진 다음 다시 2개씩 갈라진다. 여러해살이풀로 높이 10cm이며 주로 솔밭에서 아직 다른 풀이 자라지 않는 상태로 꽃을 피운다. 땅속줄기와 수염뿌리가 발달했으며 잎은 칼모양이고 약간 휘고 꽃이 진 다음 더 자란다. 애기붓꽃으로도 불리며, 민간에서는 편도선염, 주독, 폐렴 등에 약으로 쓰인다.

해남
대흥사 (대둔사)

더덕장아찌무침

마구이

원추리잎나물

쑥버무리

쑥부쟁이나물

도라지생무침

배추꽃밥

엉겅퀴국

대흥사의 봄 별미인 쑥밥과 원추리국. 그 뒤로 별꽃나물·머위겉절이, 산초장아찌, 더덕생무침, 원추리나물 등이 보인다.

전차가 질주해 들어온다. 1년 365일을 마냥 그 자리만을 순환하고 있는 것이다. 그리고 그 속을 채운 숱한 군상들은 자잘한 삶의 결에 뒤엉켜, 바쁘다는 푸념만 늘어 놓을 뿐이다. 전차 속에는 남녀가 종횡무진 눈길을 던지고, 검버섯 돋은 영감님이 신문 기사에 온 신경을 빼앗기고, 하모니카를 불며 하루 끼니를 구걸하는 장님이 돈을 던져주는 손길에 굽신거리고 있다.

고통과 번뇌의 시달림에 지쳐가는 사람들. 그러나 그들에게도 봄이면 움터나는 푸성귀 향내와 빛깔이 있었으리라. 뒷산마루와 밭 귀퉁이에 흐드러지게 돋아나던 봄나물을 즐겨먹던 우리 민족의 서정이 있었으리라. 나는 지금 떠난다. 봄나물이 강물처럼 흐르는 곳을 찾아서. 이 하찮게 보이는 것에서도 잃어가는 서정이 물씬 되살아옴을 느낄 수 있지 않을까.

13명의 대종사와 13명의 대강사 배출한 호남의 대사찰

나는 맨 먼저 대흥사(大興寺)로 부지런히 발걸음을 놀렸다. 전남 해남군 삼산면 일대의 대둔산(일명 두륜산) 기슭에 자리잡은 대흥사는 호남의 대사찰이다. 13명의 대종사와 13명의 대강사를 배출했다는 대흥사는 그 시작이 삼국 시대로 거슬러 올라갈 정도라 하니 참으로 유구한 역사를 자랑하는 곳이다. 그리고 내가 열 다섯 살에 출가한 후 속세에 발을 들여 놓은 지금까지도 사찰 음식에 대한 관심을 두었던 까닭에 이곳의 봄 나물 맛을 얼추 들어 알고 있었다. 기행의 목적이 여기에 있으니 이를 간과하고 찾아간다는 것은 말이 안 되는 것이다.

내가 대흥사를 찾아갈 때 그 길은 참으로 장관이었다. 가랑가랑 가랑비가 날리며 운해(雲海)를 만들고 있었고, 아직 움도 트지 않은 수려한 잣나무 숲이 대둔산을 감싸고 있었다. 그 광경을 보자고 왔는지 몇몇 젊은이들이 등산복 차림을 하고는 이른 봄을 찾아다니고 있었다. 그리고 군복 차림을 한 젊은이가 걷고 있었는데 그는 동행도 없이 먼산만 쳐다보고 있을 따름이었다. 휴가를 왔는지 제대를 했는지, 어쨌든 규율에 얽매인 몸을 풀고 보니 안온한 듯했다. 조금 더 걷다보니 동백나무들의 군생지가 나타났다. 파란 잎사귀와 빗물에 촉촉히 젖은 붉은 꽃잎이 오묘한 조화를 이뤄 채 가시지 않은 겨울을 나고 있었다.

앞뜰에서 내려다본 대흥사의 전경. 신라 법흥왕 1년(514) 아도화상에 의해 지어졌다는 대흥사는 4계절을 두고 빼어난 풍치로 유명하다.

어릴 적에 그 탐스러운 꽃송이들을 엮어 목걸이를 만들곤 했던 생각이 아련히 떠올랐다. 언뜻 보니 조그마한 연초록빛 동백새가 포드닥거리며 그 숲 사이를 날아다녔다. 그런데 그 경관 뒤에는 어느새 꽃송이째 뚝뚝 떨어진 동백꽃이 질펀하게 깔려 있었다. 그것은 나에게 아름다움의 배후에 깔린 안타까움을 생각하게 했다.

얼마쯤 걸었을까. 계곡물이 휘황하게 흐르는 곳을 지나쳐서는 갈증을 삭이기 위해 조롱박으로 약수를 떠 마셨다. 목구멍 속으로 흘러드는 알싸한 물맛이 온갖 것으로 오염된 몸을 씻어주는 듯했다. 그리고 나서 머리를 드니 어느덧 대흥사가 가까이 와 있었다.

서산대사가 쓰던 옥발우. 불가에서는 계를 받으면 발우와 가사, 장삼을 받게 되는데, 이것을 평생 지니고 다닌다고 한다. 이것은 서산대사의 호국충정을 기리는 표충사 안에 보관되어 있다.

부엌에 있는 수곽.
이 물은 뒷산으로부터 파이프관을 통해 흘러 내려온다고 한다.

대흥사에 들어서니 푸른 기운이 진동했다. 유난히 습기가 많아서 그런지 다른 어떤 곳보다도 돌과 부도에는 훨씬 이끼가 많이 끼어 있었다. 오랜만에 찾은 대흥사 가람은 예나 지금이나 그 향기가 푸릇푸릇했다.

대흥사 가람은 대체로 4개의 건물군으로 나누어 볼 수 있다. 중앙부를 차지한 남원(南院)은 천불전 주위 일곽과 개울 건너 대웅전이 있는 북원(北院)의 일곽, 그리고 서산대사의 호국 충정을 기리는 표충사 지역, 그리고 본사역으로부터 300여 미터 떨어져 초의선사(草衣禪師) 다도선풍(茶道禪風)의 터전이었던 대광명전 일곽이다.

나는 안마당으로 들어섰다. 요사의 사변 지붕은 그 용마루 높이가 각각 달리 연결되어 있고, 부엌과 헛간이 있는 꺾임 부분에는 눈썹 지붕을 달았고, 막돌을 쌓아 회줄눈을 친 담장이 아늑해 보였다.

빗물에 젖은 옷을 말릴 양으로 부엌문을 밀었다. 보살 한 분이 무슨 음식을 짓는지 바삐 손을 놀리고 있었다. 양해를 구하고 가마솥에 때고 있는 불길에다 몸을 들이댔다. 그런데 그 불길이 영 시원치 않아 여간한 시간으로는 금세 옷을 말리지 못할 것 같았다. 나는 예전에 그랬던 것처럼 한 짐의 장작을 이고 와 시커먼 무쇠솥에다 불을 때고 싶다는 충동을 느꼈다. 그 생각이 들자 저절로 내 손은 타닥거리는 나뭇가지들에 옮아가고 있었다.

대흥사의 별미인 머위겉절이.
머위잎을 쪄서 먹는 머위쌈과는 달리 줄기째 따서 된장, 고추장, 식초와 물엿을 넣고 무쳐 알싸한 향미를 즐긴다.

자연의 풍취와 맛이 담긴 머위겉절이

가만히 보니 보살님이 옆에서 무언가를 열심히 무치고 있었다.

"보살님 시방 뭔 음식 맨들고 있당가요?"

나는 익숙하지도 않은 사투리를 써가며 물었다.

"머위겉절이지라. 옹골지게 맛있어라우."

그러고 보니 이곳 대흥사에서 일찍 봄을 맞고 있는 곳은 보살님의 손마디에서였다. 문을 열고 밖을 유심히 살펴보니 대흥사 주위에는 머위가 한창이었다. 이 나물은 보통 밭둑이나 언덕빼기에서 자라나는데 이곳 대흥사 주변에는 돌 틈 사이에서 소담하게 자라난다.

그런 까닭에 깨끗한 자연의 풍취와 맛을 안고 있다.

이 머위나물을 가지고는 머위쌈, 여름에 껍질을 벗겨내고 담는 머위장아찌, 그리고 머위의 잎을 삶아 아린 맛을 우려내서 먹는 머위잎쌈 등을 해 먹는다. 그런데 여기 대흥사에서는 머위겉절이라는 것으로 그 맛을 즐기곤 한다. 머위잎쌈과는 달리 생으로 먹는 것인데, 매우 이른 봄에 머위겉절이는 제격이다.

먼저 머위를 줄기째 따서 된장, 고추장, 식초를 넣어 간을 한다. 그리고 나서 물엿을 넣고 생으로 무치면 대흥사의 별미를 즐길 수 있는 것이다. 나는 머위겉절이가 던져주는 향긋한 봄내음에 입맛을 다셨다.

축축했던 옷들이 김을 모락모락 내는가 싶더니 어느 새 말라 있었다. 주춤 일어서서는 밖으로 나왔다. 그런데 이게 누군가. 해인사에서 함께 공부를 했던 도반(道伴) 원학 스님이 마당 한복판으로 걸어오고 있는 것이 아닌가! 워낙에 모습이 많이 변해 버린 나를 원학 스님은 알아보지 못했다. 환속한 지가 벌써 십여 년이 되어가고 있으니 그럴 만도 한 일이었다. 그는 한참이나 나를 물끄러미 보고 나서야 입가에 엷은 미소를 띠며 반가이 맞이하였다.

나와 더불어 해인사에서 지관 스님으로부터 부처님의 삶과 행적을 공부했던 때가 엊그제 같은데 세월은 그 때의 젊은이들을 빛바래게 만들고 있었다. 그런데 원학 스님은 대자연의 품 속에서 맑은 공기, 좋은 생각, 좋은 음식으로 생활하고 있는 탓인지 아직도 그 옛날의 동안(童顔)을 유지하고 있는 듯했다. 나를 돌이켜 바라보니 세속에 찌들 대로 찌들어 얼마 남지 않은 머리카락마저도 하얗게 세서 볼품 없어진 것이 못내 안타까이 여겨졌다. 고집스럽게 공부를 해내던 원학 스님에게서 거듭 돋아나는 봄빛을 보았다.

우리는 여태껏 아무런 기별 없이 살아온 얘기를 나누며 천불전 앞을 지났다. 천불전 내에 옥석으로 조성한 천불상이 안치되어 있는 모습이 들어왔다. 천불전 앞에는 어느

대흥사 주변에 핀 흰 별꽃. 살짝 데쳐 간장, 깨소금, 참기름 등의 양념으로 무쳐 먹으면 일품이며 된장국을 끓여 먹기도 한다.

고승이 심었을 듯한 매화가 꽃을 피워 그 빛이 원학 스님 눈동자에 아른거렸다. 우리들의 만남을 축복이나 하는 듯 내리던 비도 두륜봉 머리를 비껴 돌아가고 있었다.

참배객들이 어디론가 들고 가던 기왓장을 내려놓고는 원학 스님에게 합장을 하고 지나갔다. 나는 들고 가는 저 기왓장을 무엇에 쓸 것인지 원학 스님에게 물었다. 그것은 번와(飜瓦)를 하기 위한 것으로, 그 기왓장 뒤에다 자신의 이름을 쓰고 소원을 빈다고 했다.

원학 스님은 나를 승방으로 데리고 가서 차를 한 잔 권하였다. 우리는 그 자리에서 십여 년 만의 회포를 나누었다. 석란이 꽃을 피우고 있었다. 내가 그 난초의 자태를 유심히 살피자 원학 스님이 "며칠만 더 일찍 왔다면 좋았을 것을. 지금은 꽃이 지고 있는 중입니다"며 아쉽다는 표정을 지어 보였다. 원학 스님은 그 자리에서 사군자를 치기 시작했다. 붓 끝에서 청초한 난을 솟아나게 하고 있었다.

연초록 햇살의 싱그러움으로 맛을 낸 쑥버무리

그 때 대웅전 천리향의 냄새가 바람을 타고 온 절 안을 가득 채우며 승방을 노닐었다. 저녁 예불이 끝난 후 공양을 함께 했다. 발우에는 쑥밥과 원추리국, 그리고 낮에 보살님이 무친 머위겉저리가 담겨져 있었다. 내가 찾아나선 대흥사의 별미가 바로 그것들이었다. 모처럼 찾아든 나에게 그것은 대단한 기쁨이었다.

쑥밥은 꽤나 역사가 있는 음식이다. 임진왜란 때 서산대사(西山大師, 1520~1604)의 지휘 아래 승병들이 왜적 격퇴에 앞장섰다고 한다. 대흥사의 표충사 비각에는 서산대사 휴정을 비롯하여, 그의 제자 사명대사(四溟大師) 유정(惟政)과 뇌묵대사(雷默大師) 처영(處英)이 모셔져 있다.

그런데 그 때 당시, 군량미가 부족했던 까닭에 주변에 널려 있는 쑥을 넣어 밥을 했다고 한다. 그 쑥밥이 지금도 대흥사의 끈끈한 역사를 말해주며 내 앞에 앉아 있는 것이었다.

쑥밥을 짓는 방법은 물을 좀 적게 넣고 밥을 하다가 밥이 끓을 때 쑥을 얹고 뜸을 들인 후 주걱으로 잘 섞는다. 물을 적게 넣는 것은 쑥에도 물이 차 있는 까닭이다. 발우에 담겨진 쑥밥을 보니 서산대사의 선시(禪詩) 한 수가 떠올랐다.

千計萬思量	온갖 것 꾀하고 팔만사천 번뇌
紅爐一點雪	불빛에 타고 있는 눈송이 같다
泥牛水上行	진흙소가 물 위로 가고
大地虛空裂	대지와 허공이 찢어지고 있다.

어둠이 내려앉은 두륜산 일대에 봄을 알리는 물소리가 귓전을 배회하는 듯 했다. 그리고 쑥밥과 더불어 나온 원추리국을 맛보니 참으로 구수하고 담백하였다. 원추리는 산과 절 주변에서 주로 자라나는데, 봄에는 원추리국이 일품이고, 여름에는 주황색의 꽃을 따서 고사리를 말렸다 먹고, 겨울에는 나물을 해 먹는다. 이 또한 일미인데 된장을 풀고 들깨를 갈아 넣어 만든다. 대흥사를 찾을 기회가 있는 이들이라면 꼭 쑥밥과 원추리국을 대접받아 볼 일이다. 산사에서 즐기는 맛이니 어떤 음식인들 입 안이 즐겁지 않을까만 말이다.

공양 후에 원학 스님과 더불어 담소를 나누고 있던 차에 공양주 보살님이 쑥버무리를 들여 보냈다. 쑥밥에 넣었던 쑥이 남았는지 쑥버무리를 만들어 온 것이다.

그 쑥버무리는 햇쑥을 넣어 만든 떡이라고 할 수 있다. 쌀을 물에 담갔다가 절구에 빻아서 소금간을 하고, 거기에다 햇쑥을 넣고 버무린 다음 시루에 쪄서 만든다. 보살님의 서글서글한 말씨에 원학 스님은 "오랜만에 만난 도반을 위해 보살님이 정성을 들이셨나 봅니다"며 너스레를 떨었다. 쑥버무리는 하얀 쌀가루 빛과 연초록의 햇쑥이 오묘하게 뒤섞여 있고, 그 맛은 쑥 냄새가 미각을 진동시키는 것이 그 또한 별미라 아니할 수 없었다.

어둠은 바닷가 한 모퉁이 산 속의 큰 절 대흥사에도 몰려들었다. 계속 머물고 싶은 생각이 굴뚝 같았지만 속세에 벌여놓은 일들이 많아 일어서야만 했다. 대흥사를 찾아서 모종의(?) 계획한 성과를 얻고나자 가벼운 내 마음은 들떠 있었던 것이다. 원학 스님의 환송을 받으며 터벅터벅 산길을 내려왔다. 어둔 밤길을 내려 올 때, 인간의 번뇌와 고통은 그 어느 곳에나 자리잡고 있는데 그것을 잠시나마 벗어나려 안간힘을 썼던 나를 비웃기나 하듯 계곡 물소리는 유난히도 컸다.

어리고 연한 쑥으로만 골라 만드는 쑥버무리. 향긋한 쑥향이 그대로 전해지는 쑥버무리는 절에서도 즐겨 찾는 사찰 음식 중 하나이다.

더덕장아찌무침

재료
더덕, 고추장(또는 된장), 참기름

만드는 법
01 깨끗이 손질한 더덕을 햇볕에 꾸덕꾸덕하게 말려 물기를 없앤 후 외올베나 삼베 주머니에 넣어 고추장 또는 된장 항아리에 박는다.

02 2~3달쯤 지나 장아찌가 익으면 꺼내서 쪽쪽 찢어 참기름을 넣고 조물조물 무친다.

마구이

재 료
마, 참기름, 소금

만드는 법
01 마는 껍질을 벗겨 길이 5cm, 두께 5cm 정도로 썰어 석쇠에서 노릇노릇하게 굽는다.

02 참기름에 고운 소금을 넣어 만든 기름소금에 찍어 먹는다.

원추리잎나물

재료
원추리잎, 된장, 고추장, 통깨, 참기름

만드는 법

01 원추리잎은 부드럽고 어린 것으로 골라 깨끗이 다듬어 끓는 물에 뚜껑을 열고 살짝 데쳐 내어 물기를 꼭 짠다.

02 물기를 없앤 원추리에 같은 양의 된장, 고추장과 통깨를 넣고 무치다가 참기름을 치고 다시 한번 가볍게 무쳐 낸다.

쉽게 구할 수 있는 산채 중 가장 맛이 뛰어나다는 원추리. 이 원추리로는 살짝 데쳐 갖은 양념으로 무쳐 먹기도 하고, 된장을 풀고 들깨를 넣어 만든 담백한 맛의 원추리국을 즐길 수도 있다.

쑥버무리

재료
어린 쑥, 소금, 멥쌀, 소금, 밀가루

만드는 법

01 어리고 연한 쑥으로 골라 깨끗이 다듬어 씻은 후 물기를 뺀다.

02 소금을 넣고 빻아서 체에 친 쌀가루에 물을 약간 넣고 손으로 비비면서 다시 한번 체에 내린다.

03 쌀가루에 어린 쑥을 넣고 골고루 뒤적여 잘 섞는다.

04 시루에 쌀가루를 안친 다음 어느 정도 김이 오른 솥 위에 시루를 올려 김이 새지 않도록 시룻번을 붙인다.

05 처음에는 마른 베보자기만 덮고 찌다가 떡이 내려 앉으면 뚜껑을 덮어 20~30분 정도 찐다. 젓가락으로 찔러 보아 가루가 묻어나지 않으면 불을 끄고 뜸을 들인다.

쑥부쟁이나물

일명 들국화라고도 한다. 비타민 C가 풍부하고 무기성분이 많이 들어 있다. 동의치료에서는 해열제, 이뇨제로 이용하며 민간에서는 기침, 천식 등에 쓴다.

재료
쑥부쟁이, 진간장, 참기름, 깨소금

만드는 법
01 쑥부쟁이는 깨끗이 다듬어 씻어 끓는 물에 데친 후 물기 없이 꼭 짠다.
02 진간장, 깨소금을 넣고 무치다가 참기름을 넣고 가볍게 무친다.

도라지생무침

재 료
통도라지, 오이, 참기름,
초고추장(고추장, 진간장, 식초, 물엿, 깨소금)

만드는 법
01 통도라지는 껍질을 벗기고 깨끗이 손질하여 잘게 찢어 놓는다.
02 오이는 곱게 채썰어 놓는다.
03 초고추장을 만들어 도라지 오이채를 넣고 양념이 잘 배도록 고루 무친 후 참기름을 넣어 한 번 더 무친다.

배추꽃밥

재료
배추속, 배추뿌리, 멥쌀, 양념장(진간장, 통깨, 참기름)

만드는 법
01 배추뿌리를 두툼하게 썰어 놓고 밥을 짓다가 밥이 끓으면 배추 속을 얹어 뜸을 들인다.

02 밥을 골고루 섞어 푼 다음 양념장을 곁들여 낸다.

※ POINT 배추꽃밥은 배추껍질을 벗기고 꽃봉오리째 끓는 물에 살짝 데친 다음 양념장을 곁들여 데쳐낸 꽃과 함께 밥에 얹어 비벼 먹는다.

엉겅퀴국

재 료
엉겅퀴, 들깨즙, 된장

만드는 법

01 엉겅퀴는 잘 다듬어 푹 무르게 삶아서 찬 물에 담가 놓는다.

02 물에 된장을 풀고 들깨즙을 넣어 끓이다가 찬물에 담가놓은 엉겅퀴를 건져서 넣고 다시 한소끔 끓여 낸다.

머위대된장무침

재 료
머위대, 된장, 고춧가루, 깨소금, 참기름

만드는 법
01 머위대는 끓는 물에 살짝 데친 후 껍질을 벗겨 물기를 꼭 짜고 먹기 좋은 크기로 자른다.

02 준비된 머위대에 된장, 고춧가루, 깨소금을 넣어 무친 후 마지막에 참기름을 떨어뜨려 다시 한번 무친다.

머위두부무침

재 료
머위대, 두부, 통깨, 소금, 참기름

만드는 법
01 머위대는 통통하고 빳빳한 것으로 골라 삶은 후 껍질을 벗기고 4㎝ 길이로 자른다.

02 두부는 칼등으로 으깨 물기를 뺀다.

03 통깨를 분쇄기에 간다.

04 그릇에 머위대를 담고 으깬 두부와 깨, 소금으로 간을 해서 무친다.

05 마지막에 참기름을 넣는다.

냉이국

재 료
냉이, 된장, 쌀뜨물, 참기름

만드는 법
01 냄비에 참기름을 둘러 뜨거워지면 깨끗이 다듬은 냉이를 넣고 살짝 볶는다.

02 쌀뜨물에 된장을 푼 다음 된장국물을 부어 한소끔 푹 끓인다.

냉이나물

재 료
냉이, 고추장, 깨소금, 참기름

만드는 법
01 잘 다듬어 씻은 냉이를 끓는 물에 살짝 데쳐 물기를 짠다.

02 데친 냉이에 고추장, 깨소금을 넣어 무치다가 참기름을 치고 살살 뒤적어 맛과 향을 낸다.

산머위나물

재 료
산머위잎, 산머위줄기, 소금, 깨소금

만드는 법
01 어리고 연한 산머위를 줄기째 팔팔 끓는 물에 삶아 건져 껍질을 벗기고 물기를 뺀다.

02 물기를 뺀 산머위에 깨소금을 넣어 골고루 양념하고 소금으로 간을 맞춘다.

도라지나물

재 료
통도라지, 소금, 통깨, 식용유

만드는 법
01 통도라지는 껍질을 벗기고 가느다란 쇠꼬챙이나 젓가락으로 잘게 쪼갠 다음 소금을 넣고 주물러 씻어 쓴맛을 뺀다.

02 끓는 물에 손질한 도라지를 살짝 데쳐 물기를 꼭 짠다.

03 팬에 기름을 두르고 도라지를 볶다가 소금으로 간하고 통깨를 뿌린다.

마찜

재 료
마, 표고버섯, 소금

만드는 법
01 마는 껍질을 벗겨 강판에 곱게 갈아 소금을 조금 친다.

02 표고버섯을 곱게 다져 갈아놓은 마즙에 넣고 고루 섞어 1인분씩 적당히 그릇에 담아 중탕으로 찌거나 오븐에서 굽는다.

쑥떡

재료
어린 쑥, 멥쌀, 밀가루, 소금

만드는 법
01 어리고 연한 쑥으로 골라 깨끗이 다듬어 씻어 물기를 뺀다.
02 불린 쌀에 소금을 넣어 간한 뒤 빻아 체에 내린다.
03 쌀가루에 물을 약간 넣어 손으로 비비면서 다시 한번 체에 내린다.
04 쌀가루에 어린 쑥을 넣고 이리저리 뒤적이며 잘 섞는다.

더덕술

재 료
더덕, 소주

만드는 법
01 더덕을 껍질이 벗겨지지 않게 잘 손질하여 깨끗이 씻어서 마른 수건으로 습기를 제거한 후 준비한 병에 더덕 부피의 3배 정도 소주를 붓고 밀봉하여 서늘한 곳에 1년 이상 담가두었다가 더덕은 건져내고 오랫동안 숙성시키면 맛이 더욱 좋아진다.

더덕구이

재 료
더덕, 고추장, 통깨

만드는 법
01 더덕의 껍질을 벗겨낸다.
02 방망이나 칼자루로 더덕을 두들겨 부드럽게 만든다.
03 고추장과 통깨를 넣고 무쳐서 프라이팬에 구워낸다.

눈으로 먹는 절음식

2002년 3월 2일 초판 1쇄 발행
2006년 12월 5일 재판 1쇄 발행

저 자 | 김 연 식
발행인 | 김 동 금
발행처 | 우리출판사
주 소 | 서울특별시 서대문구 충정로3가 1-38호
등 록 | 9-139
전 화 | (02) 313-5047 · 5056
팩 스 | (02) 393-9696
E-mail | woribook@chollian.net

ISBN 89-7561-156-6   13590

값 15,000원

ⓒ 2002, 김연식

* 잘못 만들어진 책은 교환해 드립니다.